십자군과 이단심문 Q&A 101

JOHN VIDMAR, O.P.
*101 QUESTIONS & ANSWERS ON
THE CRUSADES AND THE INQUISITION*

© 2013 by the Province of St. Joseph
All rights reserved.

Translated by LEE Young-Ouk
Korean translation copyright © 2017 by Benedict Press, Waegwan.
Korean translation rights arranged with Paulist Press, Mahwah, New Jersey.

십자군과 이단심문 Q&A 101
우리가 외면했던 그리스도교의 역사

2017년 6월 16일 교회 인가
2017년 7월 20일 초판 1쇄

지은이	존 비드마
옮긴이	이영욱
펴낸이	박현동
펴낸곳	성 베네딕도회 왜관수도원 ⓒ 분도출판사
찍은곳	분도인쇄소

등록	1962년 5월 7일 라15호
주소	04606 서울시 중구 장충단로 188 분도빌딩 102호(분도출판사) 39889 경북 칠곡군 왜관읍 관문로 61(분도인쇄소)
전화	02-2266-3605(분도출판사) · 054-970-2400(분도인쇄소)
팩스	02-2271-3605(분도출판사) · 054-971-0179(분도인쇄소)
홈페이지	www.bundobook.co.kr

978-89-419-1711-3   03230

이 책의 한국어판 저작권은 Paulist Press와 독점 계약한 분도출판사에 있습니다.
저작권법에 의해 한국 내에서 보호를 받는 저작물이므로 무단 전재와 무단 복제를 금합니다.

십자군과
이단심문
Q&A 101

우리가 외면했던 그리스도교의 역사

존 비드마 지음 　이영욱 옮김

분도출판사

| 차례 |

서문 ___ 15

십자군

1. 십자군 전쟁과 기타 군사작전은 중세 그리스도인들이 이슬람교도 혹은 이교도에 대항하기 위해 시작되었다는 저술이 많이 있다. 한편으로는 이 그리스도교 군대가 정통 그리스도인들을 위해 유럽과 성지를 수호하려는 노력을 기울였고 영웅적인 일을 했다고 저술한 책이 있다. 또 한편으로는 이 군사작전 기간에 그리스도인들이 끔찍한 잔혹 행위를 저질렀다는 주장도 있다. 이러한 군사작전을 무엇이라고 정의할 수 있겠는가? ___ 21

2. 예루살렘이 아랍인에게 점령된 것은 638년이었다. 성지를 탈환하기 위해 십자군은 왜 그토록 오래 기다린 것일까? ___ 22

3. 사람들은 당시 교황이 성지로 향하는 십자군을 조직한 또 다른 이유가 있었다고 말한다. 그가 그리스도교의 성지를 탈환하는 것 이상으로 성취하고 싶었던 것이 있었나? ___ 25

4. 유럽의 귀족들은 젊은 아들들에게 할 일을 주고 싶어 했고, 십자군 전쟁은 그 아들들에게 자신의 능력을 증명하고 명예와 부와 토지를 제공할 완벽한 장場이 되었으며, 그들을 아버지의 영지에서 멀리 떠나보낼 기회였다고 말한다. 정말 그렇게 되었는가? ___ 26

5. 십자군 병사들은 어쨌거나 이 십자군 전쟁에서 중도 하차할 수 없었나? 다시 말해, 그들은 전쟁이 끝날 때까지 참여하겠다는 맹세 혹은 서명을 해야 했나? __ 27

6. 그러나 어떻게 전쟁이 '신성'할 수 있을까? __ 28

7. 무장한 순례자들이 언제 십자군이라는 명칭을 얻었을까? __ 29

8. 순례의 의미를 정확하게 정의할 수 있는가? __ 29

9. 십자군의 상징은 무엇인가? __ 31

10. 가장 먼저 십자군 원정을 떠난 사람은 누구인가? __ 32

11. 직업군인은 어떤 모습이었을까? __ 35

12. 군대의 규모는 어느 정도였는가? __ 36

13. 서방 장군들은 어떻게 행군과 전술을 조직화했을까? __ 36

14. 그리스 황제는 자신의 영지로 들어온 수많은 서방의 군사들을 어떻게 생각했을까? __ 37

15. 십자군과 투르크군이 처음 싸운 것은 언제였나? __ 38

16. 초반의 성공 이후, 어떤 모험이 십자군을 기다리고 있었나? __ 40

17. 안티오키아가 주요 걸림돌이었던 이유는 무엇인가? 그곳에서 무슨 일이 벌어졌나? __ 41

18. 이제 예루살렘으로 가는 길이 열린 듯했다. 왜 십자군은 진군하지 않았나? __ 42

19. 십자군이 진군할 수 있는 최적의 순간이 온 것 같았는데 지휘관들은 주저했다. 이유가 무엇일까? __ 43

20. 이는 십자군 원정에서 나오는 물질적 이익에 대해 앞서 기술했던 것과 상반되는 것 같다. 십자군이 예루살렘에 도착했을

때 왜 그들은 갑자기 영역 싸움을 벌인 것일까? ― 44

21. 예루살렘 포위 공격이 얼마나 지속되었는가? ― 45

22. 예루살렘은 어떻게 십자군에게 함락되었나? ― 47

23. 예루살렘 함락 이후 십자군이 거주민을 집단 학살했다는 말이 있다. 사실인가? ― 48

24. 예루살렘 탈환과 더불어 제1차 십자군은 끝났는가? ― 51

25. 십자군은 예루살렘 탈환 이후 무엇을 했나? ― 51

26. 십자군의 높은 이상에 직접 관여한 '기사 수도회'가 언제 조직되었고 어떤 기능을 했나? ― 52

27. 성전 기사단과 관련된 수수께끼가 왜 그렇게 많은 것인가? 댄 브라운의 소설 『다빈치 코드』는 예수 그리스도의 비밀 이야기, 즉 그가 마리아 막달레나와 결혼을 했는데 성전 기사단이 그러한 '비밀 정보'를 알아냈고 수세기 동안 그것을 감추려고 했다는 데 초점을 두고 있다. ― 54

28. 기사 수도회 중 일부는 지금도 존재하는가? ― 55

29. 전체적으로 볼 때, 기사 수도회는 성공인가 실패인가? ― 56

30. 제2차 십자군이 필요했던 이유는 무엇인가? 그 목표는 제1차 십자군과 동일했나? ― 58

31. 클레르보의 성 베르나르도가 제2차 십자군 결성을 위해 설교한 것일까? 패배 소식을 들었을 때 그는 어떠한 반응을 보였나? ― 60

32. 제2차 십자군의 여파로 예루살렘 내 십자군의 상황이 더욱 위태로워졌다고 생각된다. 이슬람교와 그리스도교 지도자들은 성지를 향한 불가피한 공격을 어떻게 준비했을까?

그리고 이슬람 군대는 어떻게 예루살렘의 항복을
받아 낼 수 있었을까? __ 62

33. 살라딘은 묘사된 것처럼 자비로운 승리자였나? __ 64

34. 살라딘의 예루살렘 함락은 서방에 어떤 영향을 미쳤나? __ 65

35. 제3차 십자군은 예루살렘 탈환에 성공했나? __ 66

36. 제3차 십자군의 예루살렘 탈환 실패로 유럽 내
십자군 정신이 붕괴되었을까? 제4차 십자군이 존재했나? __ 70

37. 제4차 십자군 전쟁 이후 성지 탈환을 위해 조직된 두 번의
십자군은 총 여덟 번의 십자군에 포함되지 않는다. 이들
알비 십자군과 소년 십자군은 엄밀한 의미에서 보면
십자군이었을까 아니면 일종의 일탈 혹은 소동이었을까? __ 72

38. 알비 십자군이 소년 십자군보다 더 중요하다고 했다.
그에 대해 설명해 줄 수 있는가? 어떤 방식으로든 그것은
제4차 십자군과 관련이 있었는가? __ 75

39. 제5차와 제6차 십자군은 역사가들의 큰 관심을 받지 못했다.
그들은 무엇을 성취했나? __ 78

40. 프리드리히 2세는 자신의 상황에 맞추어 도착했으나
그의 십자군 원정(제6차 십자군)은 혼돈과 패배로 끝났다.
어떻게 이런 일이 일어났을까? __ 80

41. 이집트가 십자군의 주목을 받은 이유는 무엇이었나?
십자군 장군들이 연이어 예루살렘 탈환 전에 이집트를
중립지대로 만들려고 했던 이유는 무엇이었나? __ 81

42. 프랑스의 왕 루이 9세는 자신의 영토에서 북부인들이
알비파 영토를 습격했을 때 형성된 반감뿐 아니라 예루살렘의

탈환과 관련하여 교착상태를 종식시킬 방법을 알고 있다고
생각했다. 그는 무슨 계획을 세웠나? __ 82

43. 나라를 단결시키려는 루이 9세의 시도는 효과가 있었을까? __ 83

44. 루이 9세의 공격 계획은 이전의 십자군과 달랐을까? __ 83

45. 루이 9세는 예루살렘 탈환이라는 꿈을 버릴 수 없었기에
제8차 십자군을 다시 소집했다. 이 십자군의 목적은 무엇이었나?
다른 십자군들보다 더 나았다고 말할 수 있을까? __ 85

46. 제8차 십자군 원정은 예루살렘 탈환을 위해 서방의 군대가
정식으로 조직되었던 마지막 원정이 되었다.
루이의 실패 이후 무슨 일이 있었나? __ 85

47. 제8차 십자군 원정이 끝난 이후에도 또 다른 십자군이
성지를 탈환하기 위해 조직되었나? __ 86

48. 니코폴리스와 콘스탄티노플에서의 승리가 합쳐져서
동부 유럽을 투르크인에게 내어 준 셈이었다. 투르크인이
새롭게 얻어 낸 성과의 이점을 취하는 데 방해가 된 것은
무엇일까? __ 87

49. 그리스도인들이 스페인의 이슬람교도를 몰아낸
레콩키스타(국토회복운동)는 아직 언급되지 않았다. 그 사건은
성지로 떠난 십자군 원정과 심지어 알비 십자군과
어떻게 연결되는가? __ 90

50. 성지로 향했던 십자군이 실패한 궁극적 원인은 무엇인가? __ 91

51. 십자군은 '하느님의 이름 아래 장기간 편협함을 보여 준 행위'
혹은 이슬람 공포증의 중세적 표현일 뿐인가? __ 93

이단심문

52. 어떻게 이단심문과 십자군 전쟁이 연관되어 있다고
주장할 수 있는가? ___ 99

53. 중세 이단심문과 스페인 이단심문을 비교하는 것은 상당히
야심 찬 시도인 듯하다. 두 사건 사이에는 수백 년의 간격이 있고
매우 다른 환경에서 시작되었다.
어떻게 비교할 수 있는가? ___ 100

54. 군사작전을 법적 절차로 대체하겠다는 것 외에
12세기와 13세기 유럽에서 이단심문이 발생하는 데
기여한 요소는 무엇인가? ___ 102

55. 어떤 종교운동이 '선함보다는 해악'을 끼칠 수 있거나
타락으로 이어질 수 있다고 보았나? ___ 104

56. 많은 저자의 의견에 따르면, 발도파는 신학적 이유보다는
정치적 이유 때문에 더 많은 비난을 받았다고 한다.
즉, 그들이 교리보다는 교회의 정치적 조직 혹은 제도에 더
위협적이었다는 것이다. 이러한 설명은 정당한가? ___ 105

57. '경계선을 넘은' 것으로 언급된 또 다른 단체는 알비파였다.
그들은 누구이며 그 명칭은 어디서 유래했나? ___ 107

58. 알비파에 영향을 받은 지역은 그리 중요해 보이지 않는다.
알비파가 북부 프랑스 귀족들과 교회 모두의 주의를 끈 이유는
무엇인가? ___ 108

59. 알비파의 생각과 믿음은 무엇이었기에
그렇게 심한 반감을 유발했나? ___ 110

60. 알비파가 인기가 있었던 이유는 무엇일까? ___ 111

61. 사회와 교회는 이들 운동에 어떤 반응을 보였나? __ 114

62. 알비파 제거에 무장 십자군을 활용한 이유는 무엇인가?
이는 성공적이었는가? __ 114

63. 알비 십자군은 프랑스 남부의 이단을 제거하는 데
성공했나? __ 117

64. 도미니코 성인이 알비주의에서 보았던 왜곡된 인생관과
싸우는 방법으로 설교를 선택한 이유는? __ 118

65. 여성들은 이 이단에 관여했는가? __ 120

66. 하지만 도미니코회는 알비파에 대항하여 설교만 하지는
않았다. 그들은 이단심문에 관여했다.
어떻게 그런 일이 발생했는가? __ 121

67. 이단심문은 어떤 모습이었나? 어떻게 조직되었나? __ 123

68. 중세 이단심문의 방법과 조직은
스페인 이단심문과 달랐을까? __ 125

69. 이 두 이단심문은 언제 일어났는가? __ 125

70. 심문관 법정이 이단심문 진행을 위한 가장 좋은 방법으로
여겨진 이유는 무엇인가? __ 126

71. 이들 심문관의 책임은 무엇이었나? __ 127

72. 소송의 중요성에 등급을 매기는 방법이 있었을까? __ 128

73. 요주의 인물이 식별되고 이단에 관여한 정도가 결정되면,
그 재판은 어떻게 진행되는가? __ 129

74. 고문과 이단심문은 거의 동의어로 인식되고 있다. 용의자 심문에
고문이 사용되었는가? 어느 정도로 사용되었나? __ 130

75. 기소 내용에 등급이 매겨졌다면
선고에도 등급이 있었을까? __ 130

76. 전형적인 형벌의 예를 들 수 있는가? __ 131

77. 모든 결정이 법정에서 내려졌나?
'법정 외 합의'가 있었나? __ 132

78. 구별되는 복장과 배지 착용이라는 형벌은 무엇이었나? __ 133

79. 순례를 가는 것이 형벌이나 힘든 일로 여겨진 이유가 무엇인가?
사람들이 순례를 가고 싶어 하지 않았을까? __ 133

80. 중세 이단심문 기간에 형벌을 선고받은 사람은 얼마나 될까? 또한 처형된 사람들의 숫자는? __ 134

81. 중세 이단심문 기록은 어느 정도 규모이며
얼마나 믿을 수 있나? __ 135

82. 중세 이단심문과 관련되기도 했던 마녀 화형은
흔히 있는 일이었나? __ 136

83. 잔다르크는 이단심문에 회부된 사람 가운데 가장 유명한
인물 중 한 명이다. 그녀는 왜 이단으로 기소되었나? __ 138

84. 피고인이 했던 전형적인 항변은 무엇이었나? __ 139

85. 선고는 어떻게 집행되었나? 공개적인 의식이 있었나? __ 140

86. 이단심문 제도가 남용된 사례가 있었나? __ 141

87. 문제와 남용 발생을 방지할 수 있는 안전장치가 있었나? __ 144

88. 중세 이단심문에 대해 요약할 수 있는가? __ 145

89. 중세 이단심문을 통해 사법 절차의 진보가 이루어졌다고
인정하는 반면, 현대 비평가들이 지금도 이단심문을

부정적으로 평가하는 이유와 1994년에 교황 요한 바오로 2세가
이에 대해 사과한 이유는 무엇인가? ___ 147

90. 중세 이단심문이 전개되고 거의 끝나 가는 시기에
스페인 이단심문이 갑자기 시작되었다. 스페인 이단심문이
시작된 이유는 무엇인가? ___ 148

91. 스페인 이단심문 초반에는 얼마나 폭력적이었나? ___ 151

92. 스페인 이단심문이 개종한 유다인 혹은 이슬람교도가
아닌 사람들을 목표로 했나? ___ 153

93. 개신교도들이 스페인 이단심문에서
표적이 된 적이 있었나? ___ 153

94. 따라서 스페인 이단심문의 희생자 수는 총 몇 명인가? ___ 154

95. 스페인 이단심문소는 제대로 조직되었을까? ___ 156

96. 심문관들에게 지침서가 주어졌을까? ___ 158

97. 스페인 이단심문은 언제 끝났을까? ___ 160

98. 현대의 학자들은 스페인 이단심문을 어떻게 평가하는가? ___ 161

99. 스페인 이단심문이 정치적 반대자를 제거하는 데
사용되었나? ___ 162

100. 갈릴레이에 대해 언급하지 않을 수 없다. 그가 이단심문을 받은
이유는 무엇인가? 그가 받은 처우는 공정했는가? ___ 164

101. 만약 이단심문이 사법 과정의 진보를 이루어 냈다면,
오늘날의 끔찍한 악명을 어떻게 설명할 수 있나? ___ 167

주 ___ 171

서문

십자군 전쟁과 이단심문이라는 두 가지 주제를 책 한 권에 담는 것은 조금 이상한 시도일지도 모른다. 첫째, 이 역사적 사건들이 서로 무슨 관련이 있는 것일까? 둘째, 이 두 사건 모두 교회 역사에서 수치스러운 일로 여겨지는데, 그런 끔찍한 시대를 다시 들추어내는 이유가 대체 무엇일까? 내가 친구들에게 이러한 책을 쓰는 중이라고 말했을 때 그들은 하나같이 동정이라도 하듯 "행운이 있기를 바라겠네"라고 말했다.

십자군 전쟁과 이단심문은 서로 관련이 많다. 우선, 두 경우 모두, 십자군 혹은 군사작전에 뒤이어 이단심문 혹은 법적 조치가 이어졌다. 다시 말해서, 중세 이단심문은 공식적 십자군 전쟁(1096~1291) 후에, 스페인 이단심문은 국토회복운동(Reconquista, 11세기~1492년) 후에 일어났다. 나는 이것이 우연의 일치가 아니며 다양한 형태의 이단심문은 십자군 전쟁의 연장이라고 생각한다. 이단심문은 그 이전에 사용된

폭거나 군사작전의 명분과 목적을 지속하는 상대적으로 평화적이며 법적인 수단으로 활용되었다. 알비 십자군의 경우에도, 이단심문이 남부 프랑스에서 횡행한 무차별적 폭력을 끝내기 위한 목적으로 시행되었다고 생각한다. 비슷하게, 스페인 이단심문 — 그리고 그 파급효과 — 은 1492년에 스페인에서 이슬람교도를 추방한 국토회복운동에 뒤이어 이루어졌다. 즉, 스페인 정복자들(conquistadores)이 군사행동으로 했던 것을 법적으로 이행하기 위해 정립된 것이었다.

더 나아가 십자군 전쟁과 이단심문이라는 두 사건은 지금까지 각색되어 온 것처럼 가톨릭 역사에서 수치스러운 사건만은 아니었다. 십자군 전쟁과 이단심문은 여러 면에서 과장되었고 잘못 표현되었으며 최근에 와서야 재조명되고 수정되고 있다. 사실상 역사학계에서 영국 종교개혁에 대한 재조명이 이뤄지고 있는 것처럼, 다른 종교인들에 의해 십자군 전쟁과 이단심문이 다시 쓰이는 것은 흥미로우며 깨우침을 주는 일이다.

나는 이 책이 독자들에게 역사의 한 시대에 대해 흥미롭게 알려 줄 뿐 아니라 이전보다 더 정확하게 알려 주기를 바란다. 또한 이 논쟁적 사건과 관련하여 가장 일상적으로 제기되는 질문에 대해 다루면서 독자들에게 가장 최근에 이루어진 연구 내용을 소개하고, 두 사건 모두 일반적으로 묘사되는 것처럼 그리 단순하지 않으며 지금까지의 통념처럼 서로 관련이 없는 것이 아니라는 사실을 깨우쳐 줄 수 있기를 바란다.

십자군

1. 십자군 전쟁과 기타 군사작전은 중세 그리스도인들이 이슬람교도 혹은 이교도에 대항하기 위해 시작되었다는 저술이 많이 있다. 한편으로는 이 그리스도교 군대가 정통 그리스도인들을 위해 유럽과 성지를 수호하려는 노력을 기울였고 영웅적인 일을 했다고 저술한 책이 있다. 또 한편으로는 이 군사작전 기간에 그리스도인들이 끔찍한 잔혹 행위를 저질렀다는 주장도 있다. 이러한 군사작전을 무엇이라고 정의할 수 있겠는가?

세 가지로 정의할 수 있다.

첫째, 십자군 전쟁은 유럽의 그리스도교 국가들이 실시한 여덟 번의 정규 군사작전을 지칭하며 예루살렘을 포함한 그리스도교 성지를 이슬람교도의 통치에서 벗어나도록 하기 위한 것이었다. 이 전쟁은 1096년에 시작되었고 1291년에 아크레(당시 예루살렘의 항구도시)가 이슬람교도에게 함락되면서 종결되었다.

둘째, 알비 십자군은 알비파(알비는 이단인 카타리파의 중심 도시였다)의 주도로 반항하던 남부 프랑스를 진압하기 위해 북부 프랑스에서 시작되었다. 알비 십자군은 정통 그리스도교의 적과 싸웠던 폭력적 전쟁과 사법 재판 사이에서 가교 역할을 한 셈이었다. 그리고 법적 소송의 시대를 열게 된 이단 심문은 프랑스 내 십자군의 '방화광증'放火狂症을 끝내고 '덜 폭력적인' 수단으로 그리스도교를 지키겠다는 대의를 실현하기 위해 시작되었다.

셋째, 레콩키스타는 스페인을 정복한 이슬람교도에게서 영토를 되찾고자 711년에 시작된 국토회복운동이었다. 이 운동은 11세기부터 이슬람교도의 마지막 보루였던 그라나다가 스페인의 그리스도인들에게 함락된 1492년까지 오랫동안 지속되었다. 레콩키스타 기간에 여러 번의 전쟁이 일어났고 휴전과 정전 상태가 몇 년 동안 이어지기도 했다. 군사작전 대부분은 13세기에 급격히 늘어났으며, 성지로 향하는 십자군과 알비 십자군 활동이 종결된 지 한참 후에도 계속되었다. 따라서 십자군은 레콩키스타 기간에 일어난 군사작전 중 세 번째 작전에 해당된다.

2. 예루살렘이 아랍인에게 점령된 것은 638년이었다. 성지를 탈환하기 위해 십자군은 왜 그토록 오래 기다린 것일까?

여러 가지 이유가 있었다. 우선 한 가지 이유는, 유럽이 내전 같은 내부 문제를 안고 있었다는 것이다. 여기에는 8세기 이슬람교도의 스페인과 프랑스 침공, 9세기와 10세기 바이킹과 마자르(헝가리)족의 공격, 정치 조직의 부재 등이 포함된다. 카롤루스 마르텔이 732년에 투르에서 결정적인 승리를 거두면서 프랑스를 침략한 이슬람교도를 막아 냈고, 카롤루스 대제가 그 승리에 기반해 거대한 왕국(771~814)을 세웠지만 그가 사망하자 왕국은 분열되었다. 그의 세 아들이 왕국을 분할하여 차지했으나 서로 화합하지 못했으며, 그들은 아버지가 꿈꾸던 통일된 유럽에 대한 염원 또한 품고 있지 않았다.

바이킹들이 재빨리 그 틈을 비집고 들어와 8세기 말에 노르웨이와 스웨덴에서부터 영국을 침략했다. 해안을 따라 외진 곳에 자리한 데다 기본적으로 무방비 상태였던 수도원들이 특히 취약했다. 바이킹은 793년에 영국 동북부의 린디스판 수도원을 습격했고(수도자들은 결국 더럼으로 이주했다), 806년에 아이오나섬을 공격했으며 수도자 86명이 학살당했다. 현재 이곳은 '순교자의 만'이라고 불린다. 이러한 습격은 878년에 앨프레드 대왕이 에딩턴에서 승리하고, 911년에 프랑스 왕이 센 강 어귀 인근 토지를 바이킹에게 내주면서 멈췄다. 그 후 그 땅은 '노르망디' 혹은 '노르만인의 땅'이라고 불렸다.

그 사건 이후, 9세기 말에 타타르족의 침입으로 헝가리에서 밀려난 마자르족이 독일을 습격했다. 이는 오토 1세(신성로마제국의 황제)가 955년에 바이에른의 레히펠트에서 그들을 격퇴할 때까지 이어졌다. 그 후 마자르족이 유럽의 평화를 위협하는 일은 한 번도 없었다. 그러나 바이킹과 마자르족의 침략은 유럽이 그 이후 정치적 단합을 이루는 데 방해가 되었다.

게다가 예루살렘을 정복한 원래 이슬람교도들은 온건한 경향의 아랍인이었다. 세금 부과나 특정 옷차림 요구, 상징 제거, 공식적 예배 금지 등 그리스도인에게 약간의 제한을 가하기도 했지만, 그리스도인은 아랍인과 평화롭게 공존했으며 외국 그리스도인의 성지순례도 허가되었다. 그러나 1000년대 초반에 아랍인이 아닌 투르크 이슬람교도가 예루살렘을 점령하게 되었고, 칼리프 알하킴의 통치 아래 십 년간 그리스도인 집단 학살이 자행되었다. 그는 그리스도인의 이동을 제한했고, 구별되는 옷차림 착용을 의무화했고, 교회 재산을 몰수했으며, 십자가를 불태우고, 교회 지붕 위에 작은 모스크를 짓도록 했다. 1009년에 하킴은 예루살렘 성묘聖墓를 파괴하라고 명령했으며, 1014년까지 교회 3천여 곳이 불타고 약탈당하거나 모스크로 바뀌었다.

성지로 향한 그리스도교 순례자들은 이제 투르크인에게 시달리게 되었다. 매질과 강도, 폭행에 대한 소식이 유럽에 전해지면서 집단적 분노의 분위기가 일기 시작했다.[1] 필립 젠킨스는 그의 저서 『그리스도교의 잃어버린 역사』에서 강성한 투르크인의 출현과 더불어 11세기에 심화된 긴장 상태에 대해 상세하고 차분하게 기술했다. 그리스도교의 요새 도시인 멜리테네가 1057년에 투르크군에게 파괴되었고 거주인들은 학살당했다.[2] 그 어느 것도 개별적으로 우연히 일어난 사건이 아니었다. 교황 우르바노 2세가 제1차 십자군 전쟁(질문 10-13 참조)을 촉발시킨 1095년 11월의 클레르몽 연설에서 당시의 분노를 '선전전'을 통해 과장했을 가능성은 있으나 전반적인 상황에 대한 심각성을 꾸며 낼 필요는 없었다. 군사적 대응은 이제 유례가 없을 정도로 대단히 시급하게 되었다.

3. 사람들은 당시 교황이 성지로 향하는 십자군을 조직한 또 다른 이유가 있었다고 말한다. 그가 그리스도교의 성지를 탈환하는 것 이상으로 성취하고 싶었던 것이 있었을까?

그레고리오 7세(1073~1085 재위)부터 이후 교황들은 1054년에 분리된 서방과 동방 교회를 십자군 원정을 통해 통합할 수 있다고 생각했다. 심지어 그레고리오는 콘스탄티노플에 대한 외교적 사명을 염두에 두고 자신이 직접 십자군을 지휘하여 동방으로 가겠다는 계획을 세우기도 했다.

교황에게는 십자군 전쟁을 원할 만한 또 다른 이유가 있었다. 그는 세속의 왕들에게 자신의 권위를 발휘하면서 그들을 공통의 계획으로 불러들이고자 했다. 오직 '그'만이 진정으로 그 일을 할 수 있었다. 영국과 프랑스의 왕 그리고 독일의 황제는 모두 파문된 상태인 데다 서로를 신뢰하지 않았다. 신성로마제국 황제는 교황의 새로운 정책이 황제의 성직 서임권을 직접 겨냥한 것에 분노하여 1080년에 대립교황을 세웠으며 그로 인해 그레고리오는 로마를 떠나 몬테카시노로, 그다음에는 살레르노로 망명했다가 1085년에 그곳에서 사망했다. 프랑스의 필리프 1세(1060~1108)는 본처를 버리고 재혼했다. 영국의 윌리엄 2세(1087~1100)는 우르바노 2세가 교황의 자리에 오른 이후 몇 년 동안 그를 교황으로 인정하지 않았다. 따라서 교황은 왕들을 결집시키고 공통의 목표로 삼을 수 있는 무엇인가를 찾고 있었다. 십자군은 왕들에 대한 파문을 해제하고[3] 비그리스도인 적과의 싸움으로 단결하는 명분이 될 수 있었다. 또한 교황은 서로 싸우는 이들을 떼어 놓을 수 있기를 바랐다.

4. 유럽의 귀족들은 젊은 아들들에게 할 일을 주고 싶어 했고, 십자군 전쟁은 그 아들들에게 자신의 능력을 증명하고 명예와 부와 토

지를 제공할 완벽한 장場이 되었으며, 그들을 아버지의 영지에서 멀리 떠나보낼 기회였다고 말한다. 정말 그렇게 되었는가?

그런 것 같지는 않다. 이는 십자군에 대한 '낭설' 중 하나다. 십자군에 참가한 이들 대부분은 아들이 아니라 아버지였다. 제1차 십자군 전쟁에 직접 참가한 왕은 없었고, 가장들이 주로 참가하면서 그들의 재산과 토지를 내놓았다는 것이 일반적으로 받아들여지고 있다. 뒤이은 여러 십자군 전쟁에는 영국의 사자왕 리처드와 프랑스의 필리프 2세, 독일의 황제 프리드리히 1세가 참여했고 그 후에는 ― 오늘날 성 루도비코로 알려진 ― 루이 6세가 십자군의 선봉에 섰다. 젊은 아들들은 중요한 역할을 하긴 했지만 지도자는 아니었으며 재물과 영토는 십자군 전쟁의 주목적이 아니었다.[4] 부유한 지주였던 많은 이가 큰 재물을 잃었다.

5. 십자군 병사들은 어쨌거나 이 십자군 전쟁에서 중도 하차할 수 없었나? 다시 말해, 그들은 전쟁이 끝날 때까지 참여하겠다는 맹세 혹은 서명을 해야 했나?

십자군은 해당 교구 신부들에게 인정받은 지원자들로 구성되었다. 최고의 그리스도인들만이 십자군 전쟁을 수행하기를 원했기 때문이다. 따라서 그러한 기회를 잡고 싶었던 사람들은 누구나 십자군이 될 수 있었지만, 특히 도둑들처럼 좋지 못한 의도를 가진 이들은 참여할 수 없었다.

다음으로 십자군은 처음부터 끝까지 함께한다고 맹세하는 서약을 했고 이를 저버리면 파문의 벌이 뒤따랐다. 이는 십자군 전쟁의 성공을 확실하게 하면서 그 서약의 신성한 본질을 보장하고 세상에서 가장 선하며 '신성한 전쟁'이 되도록 하기 위해서였다.

6. 그러나 어떻게 전쟁이 '신성'할 수 있을까?

20세기의 가장 영향력 있는 영국의 가톨릭 작가 G.K. 체스터턴(1874~1936)은, 그의 전형적인 역설적 문체로 "절대적으로 정당한 전쟁은 신성하다"라고 했다. 21세기의 우리에게 이 말은 거의 '미친' 소리나 다름없으며, 특히 '지하드'(聖戰)에 대한 미사여구에 비추어 보면 더욱 그럴 것이다. 그러나 체스터턴의 말은 정당하게 전쟁으로 나아갈 수 있는 단한 가지 이유는 자기 가족처럼 신성한 무언가를 지키기 위한 것뿐이라는 의미다. 우리는 절대로 무역 조약 혹은 국경 분쟁을 두고 전쟁을 해선 안 된다. 그러나 누군가 가족을 공격한다면 우리는 신성한 대상을 보호하기 위해 필요한 조치를 취할 수 있다. 이는 국가적 차원에도 적용된다. 11세기의 그리스도인들은 그리스도교 가족이 예루살렘에서 공격당했다고 생각했다.

게다가 유럽에서 대규모 종교 부흥 운동이 일어났다. 수혜를 입은 수도자뿐 아니라 평신도 역시 이 종교적 열정에 동참하고자 했다. 그 성지들을 소유할 천부적 권리가 그리스도교에 있다고 많은 사람이 느꼈고, 한 가지 해결책은 예루살렘 탈환이었다.[5] 십자군이 동방으로 향한 이유는 이슬람교도들을 그리스도교로 개종시키려는 것이 아니라 성지로 향하는 순례 길을 자유롭게 하기 위함이었다.

7. 무장한 순례자들이 언제 십자군이라는 명칭을 얻었을까?

크로사타(crosata)와 크로세리아(croseria)라는 명칭은 12세기 후반과 13세기가 지나서야 나타났다. 그 당시 길을 떠난 사람들을 크로케시그나티(crocesignati)라고 불렀는데, 이는 '십자가에 서약한 사람들' 혹은 '십자가의 전사들'이라는 의미다.[6] 본질적으로 십자군 전쟁은 제2차 세계대전처럼 시작된 전쟁이 아니며 일종의 '무장 순례'라고 볼 수 있다.

8. 순례의 의미를 정확하게 정의할 수 있는가?

순례란 어떤 인물이 묻힌 장소 혹은 그곳에서 일어난 일들을 기리기 위해서, 자신의 죄를 속죄하거나 순수하게 관련된 인물들에게 경의를 표하기 위해서 성지로 향하는 여정을 의미한다. 육체적 치유와 영적 치유를 위해 순례를 떠나는 경우도 있다.[7]

2세기에 순례자들이 베드로와 바오로 사도의 무덤을 방문했다는 고고학적 증거(벽화나 성지의 잔해)가 있는 한편, 그리스도교 순례에 대한 최초의 기록은 그리스도인들이 그리스도가 태어나고 살고 설교하고 고난받고 죽은 장소와 성지를 직접 보고 싶어 했던 4세기로 거슬러 올라간다.[8] 콘스탄티누스 대제의 어머니인 헬레나는 4세기 초에 예루살렘의 유적지로 가서 그리스도의 생애와 관계있는 유물을 복원하려고 많은 노력을 기울였다. 예상하는 대로 그다음 차례는 로마였는데, 사람들은 성 베드로와 성 바오로와 함께 초기 그리스도교 순교자들과 관련된 장소를 공경하고자 했다. 그 가운데 여러 곳이 오늘날까지 공경받고 있는데, 로마 라테라노 대성당 근처의 스칼라 상타Scala Santa(성聖 계단)는 그리스도가 본시오 빌라도에게 심문받으러 밟고 올랐던 계단이라고 전해진다.

중세 십자군 전쟁 기간에 또 다른 성지들도 명성을 얻게 되었다. 여기에는 스페인의 콤포스텔라(성 야고보가 순교한 장소로 추정된다)와 프랑스의 베즐레이(마리아 막달레나의 유해가 모셔져 있다), 독일의 쾰른(삼왕, 즉 동방박사 세 명의 유골함이 안치되어 있다), 영국 린디스판의 성 쿠트베르토 수도원 등 여러 곳이 있다.[9] 심지어 작은 성당과 수도원(예를 들면, 프랑스의 생트 푸아)에도 사람들의 공경을 받는 성인이 모셔져 있었다. 성지로 가는 여정은 힘들었고 참회의 과정으로 여겨졌다. 고된 여행길은 성인에게 자신을 위해 기도해 달라고 간청하면서, 믿음을 공유한다는 감정과 그 장소에서 기도했다는 만족감으로 보상받았다.

십자군 전쟁은 이러한 움직임의 연장이었으나 분명한 목적이 있었다. 순례자들은 예루살렘으로 가고자 했고 그 목적은 미래의 순례자들이 정말로 예루살렘에 갈 수 있도록 확실히 하려는 것이었다. 그렇게 하기 위해 그들은 무기를 지녀야 했다.

9. 십자군의 상징은 무엇인가?

십자군을 표현하기 위해 붉은 십자가가 고안되었다. 중앙에 큰 십자가가 있고 사면에 작은 십자가가 하나씩 배치되어 있는 모습이다. 바로 예루살렘 십자가다. 이는 예수의 오상인 양손 및 양발에 있는 못 자국과 옆구리의 창 자국을 의미했다. 또 다른 십자가는 몰타의 십자가로 역시 붉은색이다. 우르바노 2세가 1095년 클레르몽에서 제1차 십자군 소집을 역설했을 때 그 열망이 널리 퍼져 나가 붉은색 물건은 동이 났고 사람들은 붉은색 십자가 문신을 새겼다. 오늘날 이슬람교도들은 국제 구호 기관인 적십자의 명칭을 불편하게 여겨 동일 기관을 세우고서 '적신월사'(붉은 초승달 모양의 표장을 사용)라 부른다. 성묘 기사회처럼 십자군에 참가했던 수도회의 후예들은 아직도 예루살렘 십자가를 그들의 상징으로 사용하고 있다.

10. 가장 먼저 십자군 원정을 떠난 사람은 누구인가?

제1차 십자군이 직업군인들에 의해 결성되기 전, 신앙만 돈독했을 뿐 무기나 지휘 체계를 제대로 갖추지 못한 오합지졸 군대가 성지 방어를 향한 열망으로 앞으로 나섰다. 그들을 이끈 사람은 은자 피에르였는데 그의 군대 중 불과 4분의 1만이 무장을 했다. 민중 십자군으로 알려진 그의 시도는 엄청난 대참사를 초래했다. 군대는 독일과 헝가리 등 사방으로 나아가면서 부족한 자원을 두고 유다인 및 원주민들과 싸움을 벌였다. 유다인을 향한 십자군의 적개심이 너무나 컸던 나머지 원래의 주목적에서 벗어나게 되었다.

마인츠의 유다인 공동체 일원이었던 솔로몬 바 심슨은, 1140년에 독일 내 유다인 공동체에 몰아닥친 공격에 대해 기술했으며 때때로 더 오래된 자료를 차용하기도 했다. 한편 십자군의 폭력에 진심으로 반대했던 주교들이 있었고, 유다인들이 보호해 주겠다고 약속한 주교들의 관할 지역으로 도망치는 일도 자주 일어났다. 그러나 주교 자신이 처형에 직면하면 유다인들을 그냥 내버려 두고 도망치기도 했다. 나중에 좀 더 훈련된 군대가 같은 영토로 진군했을 때 박해는 누그러졌다. 하지만 솔로몬의 주장에 따르면, 그때도 "고드프루아 드 부용은 자신의 뼈가 먼지가 될 때까지" 민중 십자군의 정신을 이어 갈 것이고, "유다인의 피로 십자가에서 처형된 이의 피에 대한 복수를 이룬 후에만 여정을 이어 갈 것이라고 맹세했다".[10]

그러나 클레르보의 성 베르나르도가 이어지는 십자군의 유다인 박해를 막기 위해 용감하게 나섰다는 사실은 분명히 해야 한다. 그는 마인츠의 대주교에게 불려 가 라울이라는 성마른 수도자를 고발했는데, 라울은 유다인 살상이 십자군 전쟁의 논리적인 첫 단계라고 생각했다. 심지어 제2차 십자군 소집이 있기 전인 1130년대에 성 베르나르도는 유다인이 받은 부당한 처우에 반대하는 연설을 하면서 유다인들은 "하느님에게는 눈에 넣어도 아프지 않을 사람이다"라고 말했다. 라인 지방의 유다인들은 그를 "정의로운 비非유다인"으로 여겼다.

민중 십자군은 헝가리에 도착하여 그곳 토착민들과 전투를 벌였고 4천여 명이 사망했다. 그들은 베오그라드를 약탈했으며 그곳 사람들은 도망쳤다. 콘스탄티노플의 황제는 민중 십자군의 존재와 군기 문란에 대해 우려했지만, 진짜 군대가 멀지 않은 곳에서 따라오고 있으니 기다리라고 경고한 후 소아시아로 사람들을 실어 날랐다. 베오그라드에서 민중 십자군은 투르크인들에게 대량 학살당했다. 4만여 명 가운데 다음 십자군에 합류한 은자 피에르를 포함하여 2천 명에서 3천 명 정도만 살아남았다.

결과는 처참했지만, 민중 십자군은 목적을 달성했다. 다시 말해 투르크군이 자신들의 주요한 적을 격퇴했다고 생각하도록 만들었다. 투르크인들은 인류 역사상 가장 큰 규모의 원정군이 그들을 향해 달려오고 있다는 것을 깨닫지 못한 채 다시 내부 분쟁에 빠졌다.

시간이 흘러 종군 민간인과 가족은 집에 머무르라는 지시를 받았으며 직업군인은 계속 진군했다.

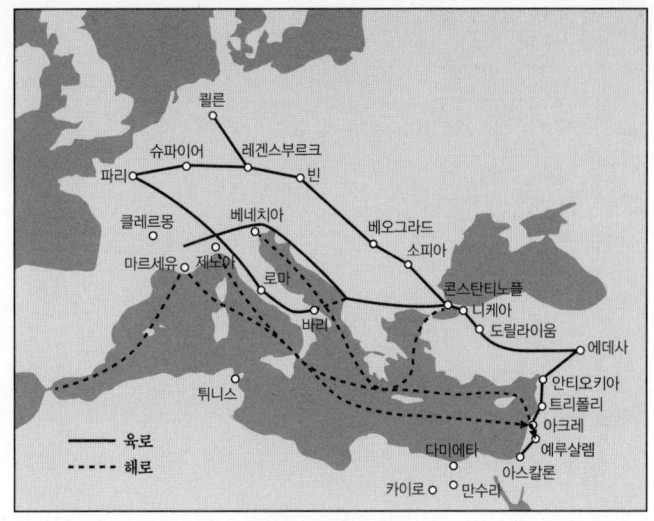

지도 1: 십자군 원정

11. 직업군인은 어떤 모습이었을까?

유럽의 영주들(왕이나 황제는 제1차 십자군에 참가하지 않았다: 질문 4 참조)이 조직한 군대는 벨기에산 대형 군마를 탄 중무장한 기사들로 이루어졌다.[11] 기사들은 직업군인이었지만 다섯 명에서 열 명으로 구성된 보병 소대의 보필을 받았다. 보병들은 말에 올라타거나 내리는 기사를 도왔으며, 제2차 세계대전 동안 순찰대가 탱크를 사용한 것처럼 기사들의 방패가 되었다.

12. 군대의 규모는 어느 정도였는가?

제1차 십자군은 주력군 네 군단으로 이루어졌고 그 수는 7만 명에 육박했다. 기원전 5세기 테르모필레 전투에서 그리스를 공격했던 페르시아 군대(약 15만 명으로 추정) 혹은 인도로 향했던 알렉산더 대왕의 군대(약 3만 7천 명으로 추정)가 그만큼 대규모였는지는 모르지만, 지난 수세기 동안 서구의 군대 중에서 가장 큰 규모였다(1066년, 정복자 윌리엄의 지휘 아래 영국 공격에 성공했던 노르만 군대도 많아야 1만 5천 명이었다고 한다). 그들은 1096년 8월에 콘스탄티노플에서 집결한다는 목표로 각기 다른 경로(지도 1 참조)로 나아갔다. 사실상 첫 번째 군대가 도착한 것은 1096년 12월 말이었고 나머지 군대들은 1097년 4월에서 5월에 도착했다.

13. 서방 장군들은 어떻게 행군과 전술을 조직화했을까?

대단히 잘 해낸 것은 아니었다. 제2차 세계대전 때 아이젠하워처럼 해냈던 최고사령관은 없었다. 십자군에서 그나마 가장 비슷했던 인물로 '아버지 같은 존재'였던 프랑스 르퓌의 아데마르 주교를 들 수 있다. 그는 교황이 자신의 권위를 내어 주면서 십자군과 함께 가라고 임명한 인물이었다. 아데마르 주교는 군대 지휘관이 아니라 십자군의 '종교적'

목표를 분명히 하는 임무를 받았다. 그는 존경받았고 효과적으로 임무를 수행했으나 안티오키아 포위 작전(질문 17-18 참조) 때 사망했다. 그의 부재로 인한 공백은 컸다.

처음부터 장군들은 서로 다른 경로로 콘스탄티노플로 가야 한다는 사실을 깨달았다. 군대가 서로 마주치는 것을 피하고 여정 중 효과적인 식량 공급을 위해서였다. 하지만 일단 전투가 시작되면 문제가 생겼다. 즉, 토지 장악과 관련된 결정과 장군들과 군대들 간 관계가 껄끄러워졌다. 일이 생길 때마다 장군들은 누가 전투를 하고 누가 지원을 할 것인가 등을 두고 협상을 해야 했다. 결국 중앙 지도부의 부재가 십자군 원정 실패 원인이 되었다. 장군들이 서로 다투었고 심지어 기사 수도회들(질문 26-29 참조)도 서로 겨루었다.

십자군 운동 초반의 열정에 의지하여 제1차 십자군 전쟁에서는 적어도 군대가 안티오키아를 점령할 때까지(질문 17 참조) 이런 상황들을 극복할 수 있었다. 하지만 거기서 일어난 내분이 독처럼 번졌고 십자군을 거의 망치게 되었다.

14. 그리스 황제는 자신의 영지로 들어온 수많은 서방의 군사들을 어떻게 생각했을까?

알렉시오스 1세(1048~1118)는 서방 유럽인들의 존재를 대단히 불편하게 받아들였다. 특히 남부 이탈리아와 시칠리아 내 그의 영토에 거주하면서 사실상 전례에서 사용되던 그리스어를 없애 버린 노르만인들을 껄끄럽게 여겼다. 사실 언어의 문제는 동방과 서방 그리스도교 전례를 구분하는 직접적 요소이며 오늘날까지 외교 협상의 대상이 되고 있다. 게다가 노르만인은 투르크인을 공격하자마자 콘스탄티노플을 공격할 터였다. 황제는 그들이 가능한 한 빨리 이동하기를 바랐다.[12]

알렉시오스 1세는 또한 이 '십자군'의 목표에 대한 생각이 달랐다. 그는 그리스가 소아시아의 영토를 되찾기를 원했으나 서방인들은 그의 제국에 관심이 없었다. 그들은 그의 영토를 되찾아 주기 위해서가 아니라 성지 탈환을 위해 온 것이었다. 이는 십자군 장군들 사이에서 주요 논쟁거리로 남아 있었다.

15. 십자군과 투르크군이 처음 싸운 것은 언제였나?

첫 전투는 1097년 5월, 니케아에서 벌어졌다. 그곳은 소아시아를 가로지르는 로마 도로에 위치한 요새 도시였다. 주력군이 진군하기 전에 요새들을 함락시켜야 했다. 그렇게 하지 않으면 보급로가 언제 피해를 입을지 모를 일이었다.

니케아는 믿기 힘들 정도로 쉽게 함락되었다. 술탄과 그의 군대는 다른 투르크인들과 전쟁을 치르기 위해 멀리 나가 있었으며 그리스도교 군대가 진군해 온다는 말을 그저 뜬소문으로 치부했다. 그리하여 전형적인 요새 함락 방법인 포위 공격을 6주 동안 벌였고 니케아에 남아 있던 술탄의 아내이자 왕비가 십자군에 항복했다. 이 사건은 동·서방 그리스도인들 간 불화의 씨앗이 되었다. 서구인들은 이 포위 공격을, 방어벽이 뚫린다면 살인과 강간, 약탈 등을 막을 실제적 규율이 없다는 것을 전제로 한 공격으로 여겼다. 어느 정도까지는 병사들이 보상을 받는 방법이기도 했다. 하지만 좀 더 문명화되었던 그리스인들은 나름의 방법으로 왕비와 협상을 벌였다. 그 자체만으로 서방의 장군들은 격노했다. 도시 성벽 공격이 임박하자 그리스 깃발이 성벽 위로 올라갔고 왕비는 그리스군에 항복했다. 따라서 서구인들은 약탈할 기회를 잃었다. 그런 다음 그리스인들은 왕비에게 선물을 잔뜩 안겨 떠나보냈고 그 당시까지 승리자의 관대함이라는 개념에 대해 유감스러운 점이 많았던 서구인들은 더욱 기가 막혔다. 그 이후 그리스인과 서구인들 사이의 긴장이 지속되고 분열이 초래되었다.

16. 초반의 성공 이후, 어떤 모험이 십자군을 기다리고 있었나?

니케아를 함락한 후 동맹군은 자신 있게 로마 도로를 따라 안티오키아로 진군했다. 그리스군은 잃어버린 영토를 되찾겠다는 희망을 품고 동쪽과 북쪽으로 향하며 떨어져 나갔다. 그러나 얼마 지나지 않은 1097년 7월, 동맹군은 포위된 도시를 구하려고 귀환 중이던 술탄의 니케아 군대와 마주쳤다. 너무 늦게 왔지만 술탄이 등장하자 보에몽 장군 휘하의 노르만 군대는 깜짝 놀랐다. 선두에 서게 된 보에몽은 태세를 갖추고 따라오던 보충 병력을 기다렸다.

이는 벌판에서 적군과 맞붙은 첫 번째 진정한 교전이었다. 양 군대의 전투 방식은 완전히 달랐는데, 양측 모두 상대방의 전투 방법에 대해 알지 못했다. 가볍게 무장한 투르크군은 작고 날랜 말을 타고서 '치고 빠지는' 전술을 펼쳤다. 반면에 서구인들은 중무장을 했고 크고 육중한 말을 탔으며 보병 소대가 그 뒤를 따랐다. 양 군대는 서로에 대해 알아야 했고 앞으로 전투지에서 그렇게 하게 될 터였다. 이 첫 번째 교전인 도릴라이움 전투(지도 1 참조)에서 서구인들이 간신히 승리했다. 그들은 이제 다음 주요 걸림돌인 안티오키아로 향했다.

17. 안티오키아가 주요 걸림돌이었던 이유는 무엇인가? 그곳에서 무슨 일이 벌어졌나?

십자군은 1097년 10월에 안티오키아에 도착했다. 안티오키아는 십자군이 대면한 첫 주요 도시였다. 도시를 둘러싼 엄청난 성벽이 예루살렘으로 향하는 주요 도로를 보호하고 있었다. 십자군은 그 도시를 무너뜨려야 진군할 수 있었다. 니케아가 방심했고 포위 공격에 무방비 상태였던 반면, 안티오키아 사람들은 무슨 일이 벌어질지 정확히 알고 있었다. 그들은 장기간의 포위 공격에 대비해 식량을 비축해 놓았다. 게다가 거대한 도시 성벽을 제대로 감시할 수 없었기 때문에 식량뿐 아니라 병사들도 십자군의 눈을 피해 성안으로 들어갈 수 있었다. 이렇게 큰 도시를 포위 공격하는 일은 대단히 어려웠다. 질병 또한 포위하는 군대가 견뎌야 하는 고통이었다.

그로 인해 십자군은 엄청난 타격을 입었다. 여덟 달 동안 지속된 포위 공격은 효과가 없었고 예루살렘으로 향하는 길은 막혀 버린 듯했던 때에 망루를 지키던 안티오키아 사람이 도시의 남동쪽 문을 열어 놓았다.[13] 십자군은 기다렸다는 듯이 그리로 밀고 들어갔고 도시 내 그리스도인들은 이슬람교도에 맞서 일어났다. 도시는 함락되었다.

18. 이제 예루살렘으로 가는 길이 열린 듯했다. 왜 십자군은 진군하지 않았나?

십자군은 두 가지 문제에 부딪쳤다. 첫째, 오랜 포위 공격으로 안티오키아는 모든 자원이 고갈된 상태였다. 식량도 없고 물도 없었다. 둘째, 지금 도시 안으로 들어간 포위 군대 역시 포위된 상태였다. 위대한 투르크 장군인 카르부가가 이끄는 투르크군이 이전의 포위 군대를 포위했다. 상황은 너무나 절박했다. 서방의 장군인 블루아의 에티엔은 도시를 탈출해, 포위 공격에서 구출해 주기 위해 준비 중이던 그리스군에게 가 그들이 도착할 때는 모두 사망했을 터이니 가지 말라고 조언했다. 그리스인들은 물러났고, 서구인들은 그리스인들이 전쟁을 두려워하며 동맹군으로서 쓸모가 없다고 확신하기에 이르렀다. 에티엔은 나중에 자신의 결정을 후회하면서 어느 정도는 자신의 탈영을 속죄하기 위해 다시 십자군에 참여했다.

포위된 성에 있던 서방 유럽인들에게는 다행스럽게도, 한 병사가 창을 발견했는데 그것이 십자가에 달린 예수의 옆구리를 찔렀던 '성창'聖槍이라는 소문이 빠르게 퍼졌다. 사기가 치솟았고 노르만 장군 보에몽은 투르크 장군에게 성 밖에서 싸우자며 도전장을 내밀었다. 카르부가는 어리석게도, 서방 군사들이 기가 죽어 있는 데다 장비도 제대로 갖추지 못했다고 — 무엇보다도 그들의 군마가 대부분 식용되었다 — 생각했기 때문에 승리를 자신하면서 노르만군과의 정정당당한 싸움에 동의했다. 하지만 보에몽이 이겼다. 드디어 예루살렘으로 가는 길이 열렸다. 그러나 이상하게도 십자군 지휘관들은 이동하고 싶어 하지 않는 것 같았다.

19. 십자군이 진군할 수 있는 최적의 순간이 온 것 같았는데 지휘관들은 주저했다. 이유가 무엇일까?

십자군 지휘관들은 그 누구도 진군을 원하지 않았다. 군대는 기진맥진했다. 군대를 재정비하는 데 시간이 걸렸고, 장군들은 진군에 필요한 식량과 군마가 충분히 확보될 때까지 기다리길 원했다. 사실 그들이 목숨을 부지한 것만 해도 행운이었다. 여덟 달 동안 계속된 안티오키아 포위 공격과 질병 그리고 카르부가의 포위 공격으로 병사들의 수는 엄청나게 줄어들었다.

게다가 놀랍게도 가장 호전적인 장군인 보에몽도 더 이상 진군하길 원치 않았다. 그는 투르크군을 격퇴했기 때문에 당연히 자신이 안티오키아의 지배자가 되어야 한다고 생각했다. 의미 있는 보상이 아닐 수 없었다. 다른 장군들은 큰 도시를 정복하려고 시도하거나 성공했고, 항구도시 타르수스나 국경도시 에데사와 같은 도시를 자신의 소유라고 주장하고 싶어 했다. 보에몽도 물질적 이익을 향한 '경주'에서 뒤처지고 싶지 않았다. 사실 그는 장래를 보장받지 못한 작은 아들이었고 이번 정복의 성과가 당연히 자신의 몫이라고 믿었다. 재정복된 모든 소유물이 그들에게 반환되어야 한다고 주장하는 그리스군은 포위된 안티오키아 안에 있는 서구인들을 돕기 위해 온 것이 아니었다. 보에몽은 이를 동맹군의 서약을 어긴 것으로 여겼다.

20. 이는 십자군 원정에서 나오는 물질적 이익에 대해 앞서 기술했던 것과 상반되는 것 같다. 십자군이 예루살렘에 도착했을 때 왜 그들은 갑자기 영역 싸움을 벌인 것일까?

보에몽의 경우, 그는 모든 것을 걸고 앞장서서 전투에서 승리했고 그리스도교 세계의 총대주교구 중 하나인 안티오키아를 자신의 것이라고 주장하지 않으면 아무것도 얻지 못할 것이라고 생각했다. 그리스인과의 약속에 따르면 십자군이 탈환한 영토는 그리스 황제에게 반환된다고 했으나, 그리스인들이 안티오키아 전투에서 지원을 꺼리면서 파기된 것으로 여겨졌다. 보에몽은 언제든 예루살렘으로 갈 수 있

었고 마침내 그렇게 했지만, 그는 자신의 승리를 확정짓기 위해 안티오키아에 남았다.[14]

지휘관들이 이러한 문제들을 놓고 옥신각신하는 동안 일반 병사들은 최종 목적지를 향해 진군하기로 결정했다. 병사들은 그저 노르만 왕국을 건설하기 위해 그렇게 먼 곳까지 온 것이 아니었으며, 입대를 한 원래 목표가 바로 그들을 움직이는 동력이었다. 그리고 병사들은 집에 가고 싶었다. 안티오키아에서 두서너 달을 지낸 뒤 그들은 지휘관들에게 따라올 것인지 말 것인지 결정하라고 했다. 병사들은 목표를 완수하고 빨리 귀향하기를 간절히 원했던 것이다. 병사 6천여 명이 출발했고, 제1차 십자군 전쟁에 참가한 명망 있는 장군들 중 한 명인 툴루즈의 백작 레이몽 드 생 질(1105년 사망)이 안티오키아의 소유권을 두고 보에몽과 불화를 거듭하다가 병사들을 지휘하는 데 동의했다. 서로 다른 두 장군, 고드프루아 드 부용과 탕크레드가 이끄는 병사 4천 명이 합류했으며, 숫자가 훨씬 줄어든 이들 군대가 예루살렘의 문 앞에 이르게 되었다.[15]

21. 예루살렘 포위 공격이 얼마나 지속되었는가?

'성경적 숫자'라고 볼 수 있는 40일 동안 공격이 지속되었다. 한 가지 문제는 투르크인이 안티오키아에 정신이 쏠린 사이 이집트 아랍인이 예루살렘을 다시 점령했다는 사실이다. 이집트인은 투르크인보다 훨씬 더 협조적이었고 십자군에게 여러 가지 평화조약을 제안했다. 그 한 가지 예가 성지로 향하는 비무장 단체에 대한 안전 보장이었다. 그러나 십자군은 신뢰하기 힘든 평화조약을 체결하기 위해 이렇게 먼 곳까지 온 것이 아니었다. 그들은 그리스도교를 위해 그 도시를 탈환하기로 결정했다. 조 올텐버그가 십자군의 역사에 대해 기술했던 것처럼 "십자군은 단지 기도하고 예배하기 위해 예루살렘으로 간 것이 아니었다. 그들은 싸움을 하고 불충한 자들에게서 도시를 되찾기 위해 그곳으로 갔다".[16] 조너선 라일리스미스는 다음과 같이 지적했다.

> 기꺼이 받아들이는 위험과 고난뿐 아니라 군대에서 경험한 많은 종교적 환시와 성인 및 유물에 대한 헌신, 무엇보다 의례에 몰두하는 모습과 공개적인 참회 의식을 보면 대단히 경건한 인상을 받는다. 후반 단계에서 십자군의 모습은 거대하고 천천히 움직이는 전례 절차와 유사했으며, 그 절정은 예루살렘 함락 직전 성벽 주변을 천천히 돌며 진행되었던 거대한 참회 행렬이었다.[17]

22. 예루살렘은 어떻게 십자군에게 함락되었나?

십자군 공격 전 예루살렘의 그리스도인들은 추방당했다. 도시의 이집트 아랍인 지도자들이 안티오키아에서와 같은 재앙을 되풀이하고 싶지 않았기 때문이다. 안티오키아에서는 그리스도인들이 들고일어나 성안으로 진입한 십자군을 도왔던 것이다. 성벽 공격은 동시다발적으로 실시되었다. 예루살렘의 긴 성벽은 방어하는 측에게 유리했다. 포위 공격의 힘을 약화시키고 광범위한 공격에 저항하여 그들의 자원을 최대한으로 활용할 수 있었다. 이것이 예루살렘 포위 공격 당시의 상황이었다. 십자군은 거대한 공성탑을 이용해 예루살렘의 남쪽과 서쪽 벽을 공격하는 동시에 북쪽과 동쪽에서 공격했다. 이 북쪽과 동쪽 공격이 성공을 거두며 1099년 7월 15일에 북쪽 성벽에 구멍이 생겼고 도시로 진입하는 문 하나가 열렸다. 십자군은 그곳으로 물밀듯이 들어갔다. 500년 동안 이슬람교도의 통치를 받았던 예루살렘이 다시 그리스도인의 손에 들어왔다. 토마스 매던은 이렇게 적었다.

우르바노 2세의 꿈이 이루어졌다. 모든 악조건에도 불구하고 필사적이고 말썽 많은 이 순진한 거대 사업은 서유럽에서 중동으로 향했고 서방세계에서 가장 방어가 철저했던 두 도시(안티오키아와 예루살렘)를 정복했다. 근대의 관점에서 볼 때 이들이 안겨 준 승리의 비현실적 진행 과정에 경탄할 수밖에 없다. 중세 사람들은 놀라지 않았고, 그저 하느님께 감사했다.[18]

이토록 놀라운 그리스도교 원정을 시작했던 교황 우르바노 2세는 그 소식을 듣지 못한 채 예루살렘이 함락된 지 2주일 후에 사망했다.

23. 예루살렘 함락 이후 십자군이 거주민을 집단 학살했다는 말이 있다. 사실인가?

아랍인 총독은 자신과 수하들의 자유를 살 수 있었으나 나머지 사람들은 그렇게 운이 좋지 않았다. 그리스도인들이 그 이전에 추방당했기 때문에 십자군은 사람들을 구별해 가며 분노를 표출할 이유가 없었다. 로드니 스타크는 그날에 대해 변호하길, 포위 작전에 저항했던 도시에 대해서는 자비를 보장할 수 없었다고 했다. "공성탑이 성벽으로 접근하기 시작한 6월 13일에 이슬람교도들이 예루살렘을 넘겼다면, 분명 대학살을 방지하는 조건이 주어졌을 것이다."[19]

다른 역사학자들도 이에 동의한다. 심지어 신중한 필립 젠킨스조차 성급한 판단에 경고를 보내고 있다. "1099년에 예루살렘에서 발생한 서구인의 약탈이 분명 악명 높았고 약 4만 명이 비명횡사를 했으나 그러한 대학살은 드문 일이 아니었으며 투르크인들에게도 최소한 십자군만큼 책임이 있다."[20] 예루살렘 대학살은 그 이전의 참사에 대한 단순한 '보복'이었을까, 혹은 새롭고 전례 없는 잔혹 행위였을까?

진실로 묻고 싶은 질문은 중세 전쟁의 관습이 아니라 그리스도교 전사들이 어떻게 그런 식으로 행동할 수 있었는가 하는 것인 듯하다. 대학살은 다반사로 일어났고 이슬람교도들도 대학살을 마다하지 않았다. 멜리테네에서의 그리스도인 학살은 이미 언급한 바 있다(질문 2 참조). 투르크인들이 1144년에 에데사를 파괴할 때 사실상 거주민 전체를 죽이거나 노예로 삼았는데 그 숫자는 4만 7천 명으로 추정된다.[21] 또다시 살라딘은 1187년에 하틴 전투에서 항복한 그리스도교 기사들을 학살했으며 때로는 그가 직접 죽이기도 했다. 1291년에 아크레에서 굴복했던 그리스도교 전사들도 비슷하게 처형되었다. 이 학살들은 분명 예루살렘에서 일어난 일과 비슷했다.[22]

이러한 학살 사건들이 십자군을 변명해 줄 수 있을까?

대부분의 현대 비평가들은 아니라고 말할 것이며 예루살렘에서 일어난 민중 학살은 어느 전쟁의 기준으로도 극단적이었던 듯하다. 심지어 그 현장에 있었던 십자군 장군인 톨루즈의 레이몽조차 당시의 학살을 비난했다. 피가 말의 '기갑까지' 차올랐다는 표현은 과장된 것이 분명하지만, 분명 방어자들에게 동조하면서 전투 부대에 섞여 있었던 민간인들을 상대로 상당한 학살이 일어났다는 사실에는 의심의 여지가 없다.

그러한 학살 행위는 광범위하게 진행되었으나 모두 죽인 것은 아니었던 것 같다. 십자군 장군들은 일부 아랍인들이 다마스쿠스로, 일부 유다인들이 아스칼론으로 도망가게 놔두었다. 최근에 한 유다인 역사학자는 포로가 된 유다인들이 도시에서 시신을 치워야 했다고 추정하고 있다. 그리고 잡힌 유다인들의 몸값을 지불하기 위한 기금 조성을 촉구하는 편지들이 남아 있다.[23] 성지로 향하게 만든 높은 이상에 비추어 볼 때 그리스도교 기사들이 그토록 잔인하게 행동하지 말았어야 했다는 견해는 앞으로 오랫동안 토론해야 할 문제다.[24]

어떠한 판단을 내렸든지 십자군은 그 도시를 점령했고 대단히 의기양양했으나 이 '학살'의 평가에서 알아 두어야 할 중대한 사실이 있다. 예루살렘을 지원하기 위해 진군 중이라고 알려진 이집트 군대가 항구도시 아스칼론을 함락했다는 것이다. 이제 가장 다급한 임무는 안티오키아에서처럼 포위당하고 굶주리는 일이 다시 일어나지 않도록 하는 것이었다.

24. 예루살렘 탈환과 더불어 제1차 십자군은 끝났는가?

전혀 그렇지 않다. 십자군의 장군들은 이집트 군대가 포위된 아랍군을 돕기 위해 예루살렘으로 오고 있다는 것을 알고 가능한 한 빠른 시일 내에 예루살렘을 공격해야 했다. 예루살렘 요새와 아랍군 지원 병력 사이에 갇힐 것을 우려했기 때문이었다. 지원 병력은 이제 지중해 연안의 항구도시인 아스칼론에 도달했고, 십자군은 예루살렘에서 포위 공격을 당하도록 기다리지 않고 이집트군을 향해 놀라운 공격을 감행하여 성공했다. 이 작전으로 제1차 십자군 전쟁은 끝이 났다. 이제 문제는 '우리가 지금 무엇을 할 것인가?'였다.

25. 십자군은 예루살렘 탈환 이후 무엇을 했나?

십자군은 예루살렘 북쪽으로 안티오키아와 동쪽으로 에데사에 이르는 중동 지역에 그리스도교 제국을 세우려 했다. 왕들과 장군들, 총독들이 이 지역 공국과 요새를 지배하게 되었으며 그것은 분열을 초래하는 경쟁의 근원이 되었다. 임무를 완수한 십자군 대부분은 그저 고향의 가족에게로 돌아가고 싶어 했기 때문에 정복된 땅에 대한 통치는 곧 혹스러운 일이었다. 이는 십자군 원정의 최종 실패 원인이기도 했다.[25]

26. 십자군의 높은 이상에 직접 관여한 '기사 수도회'가 언제 조직되었고 어떤 기능을 했나?

기사 수도회(Ordo Militaris)의 등장은 흥미로운 현상이다. 이 수도회는 예루살렘 정복 이후 두 가지 이유로 조직되었다. 하나는 십자군 정신을 계승하고 전투에서 얻은 성과를 잃지 않기 위해서였고, 다른 하나는 예루살렘 내 병사들과 순례자들을 돌보기 위해서였다. '기사 수도회' 현상은 당시 널리 퍼졌던 종교적 삶에 투신하는 풍조에 기반하여 성장한 것으로, 수도회의 번성과 성장을 보여 주는 단면이다. 도미니코회와 프란치스코회는 물론이고 시토회와 카르투지오회가 이러한 열정에서 조직되었다. 십자군 원정에 헌신한 수도회의 이상도 그러한 이념에서 출발했다.

사실상 첫 번째 기사 수도회인 구호 기사단(혹은 성 요한 기사단)은 군사 조직으로 만든 것이 아니었다. 원래 구호 기사단은 예루살렘에 있는 산타 마리아 라티나 수도원의 수도자들로 시작되었는데, 이 수도회는 '십자군의 수도'에 병원을 세우고 병든 순례자들을 돌보는 데 헌신했다.[26] 순례자의 숫자가 12세기 초반에 늘어나자 병원에 대한 수요도 증가했고, 이 병원은 한꺼번에 무려 2천 명을 돌보았다고 전해진다.[27] 미국 시민전쟁에서 클라라 바턴이 간호 부대를 조직하기 700년 전에 십자군이 세상에서 가장 큰 병원을 세운 셈이며 그곳에서는 남녀가 함께 일했다. 이 의료 단체는 1113년에 독자적인 수도회로 승인을 받았다. 그들은 20년이 지난 후 아스칼론의 요새가 그들에게 주어졌을 때까지 전쟁에 관여하지 않았다. 그곳에서조차 그들은 용병을 고용해 요새를 방어하도록 했고 자신들은 병원을 관리했다.[28] 시간이 흐르고 그들에게 주어진 요새의 숫자가 늘어나자 군사 영역에도 관여하게 되었지만, 그러면서도 환자에 대한 헌신을 게을리하지 않았다. 구호 기사단은 마침내 군대와 '병원'(hospital) 혹은 환대(hospitality)라는 두 가지 기능을 하게 되었다. 기사 — 수도자 혹은 의사 — 수도자들은 성지로 오가는 순례자들을 보호했고 의사나 간호사로서 그들의 고충을 살폈다.

십자군 지원을 위해 조직된 또 하나의 중요한 수도회는

성전 기사단(솔로몬 성전의 가난한 기사들. 1120년경 창설)이었다. 성전 기사단은 성지 수호에 목숨을 걸었던 위그 드 파엥과 동료 여덟 명으로 시작되었다. 그들은 예전 모스크를 거처로 정했고 그곳을 솔로몬의 성전이라 불렀다. 클레르보의 베르나르도는 이 단체를 승격시켜 수도회로 인정받게 했다. 그들은 청빈과 순결, 순명을 서약했고 붉은 십자가가 그려진 하얀 겉옷을 입었다.

이들 수도회에 소속된 기사는 성지 방어에도 헌신한다는 서약을 추가로 해야 했고, 종신토록 헌신해야 했다. 성전 기사단에 입회하고자 하는 사람들은 일반적인 수도원의 종신 서약 과정과 심사를 거쳐야 한다.

27. 성전 기사단과 관련된 수수께끼가 왜 그렇게 많은 것인가? 댄 브라운의 소설 『다빈치 코드』는 예수 그리스도의 비밀 이야기, 즉 그가 마리아 막달레나와 결혼을 했는데 성전 기사단이 그러한 '비밀 정보'를 알아냈고 수세기 동안 그것을 감추려고 했다는 데 초점을 두고 있다.

댄 브라운의 소설은 최소한 역사적으로나 성경적으로 정확성이 부족하다. 그는 교묘하게 사건들을 짜 맞추었지만 거의 모든 내용이 사실과 다르다.[29]

성전 기사단은 순례 길과 무역로를 따라 여러 개의 요새를 건설하여 순례자를 보호했고 무역 상인(caravans)에게 세금을 부과했다. 또한 그들은 — 성묘 성당을 본떠 세운 — 유럽의 '성전'에 예금을 한 순례자들의 자산을 보호했고 성지에서 필요할 때 사용할 수 있게 했다. 이는 '당좌예금' 혹은 '여행자 수표'의 초기 형태로 순례자들은 많은 현금을 가지고 다니지 않아도 되었다. 이런 혁신적 방법으로 성전 기사단은 알려진 어떤 것보다 가장 성공적인 은행 제도를 만들었다. 공식적인 십자군 원정이 1291년에 항구도시 아크레의 함락으로 끝났을 때, 프랑스 왕 필리프 4세는 성전 기사단의 재물에 눈독을 들였다. 그가 공정왕이라 불리는 것은 아이러니하다. 필리프 4세가 성전 기사단을 무자비하게 박해한 이유는 기사단이 감추려 했던 비밀이 아니라 기사단의 영토와 재산 때문이었다. 교황 클레멘스 5세는 필리프 4세의 강력한 압력에 굴복하여 1312년에 성전 기사단을 공식 해체했다.

28. 기사 수도회 중 일부는 지금도 존재하는가?

기사 수도회는 아직 존재하지만 군사적 임무는 수행하지 않는다. 그 대신 전 세계적인 조직으로 성지에서 그리스도교의 권리를 옹호하고 그리스도교 성지의 유지와 보수를 위한 기금을 마련하며, 성지(넓게는 근동 지방을 포함한다) 내 학교에 진학한 그리스도교 아이들에게 장학금을 주는 일을 한다. 이들 수도회에는 몰타 기사단(구호 기사단의 계승자들)과 성묘 기사회(고드푸루아 드 부용이 1099년에 예루살렘 정복 직후 세웠고 1113년에 교황의 승인을 받았다)가 포함된다. 이들 수도회는 전 세계에 지부가 있다.

29. 전체적으로 볼 때, 기사 수도회는 성공인가 실패인가?

성전 기사단과 구호 기사단이 그 이후의 십자군에 중요한 공헌을 했지만 두 수도회 모두 재정과 인력 운영 면에서 결국 실패했다고 볼 수 있다. 무엇보다도 예루살렘이 그리스도교 도시로 남지 못했다. 그러나 그들은 십자군을 존속시켰고 십자군을 이끌었던 높은 종교적 목적이 유지되도록 했다. 그런 점에서 그들은 로마제국 이래 유럽 최초의 진정한 전문적 군대라고 할 수 있다.

이들 기사단이 몰락한 이유는 목적이 서로 엇갈렸기 때문이다. 성지 방어를 위한 최선의 방법을 두고 그들 사이에 경쟁이 벌어졌다. 미지의 영토를 급습할 것인지 아니면 곳곳에 근거지를 두고 방어적인 자세를 취할 것인지에 대해 의견이 달랐다. 예루살렘 왕국(성지 확보를 위해 제1차 십자군 잔류자들이 건설한 봉건국가 - 역자 주)의 왕 아모리가 알렉산드리아를 차지하기 위해 여러 번 공격을 시도했다. 1168년의 공격에 성전 기사단은 아모리의 주요 병력이었던 구호 기사단을 돕지 않았다. 이러한 분열은 그리스도인들의 '우트레메르' Outremer(유럽 공국들은 정복된 땅을 이렇게 불렀다) 함락에서 계속 문제가 되었다. 또한 정치 지도자들(수도회 소속만은 아니었다)은 예루살렘 내 특권적 지위를 두고 온갖 음모를 꾀하는 가운데 앞다투어 기사단의 충성심을 차지하려고 했다. 1187년에 살라딘의 병력을 향해 불운의 공격을 주도한 사람은 불안했던 왕인 기 드 뤼지냥이었다. 그는 4년 전 이슬람 군대를 공격했으나 실패해 비난을 받았으며 이제 자신이 호전적이고 용감한 지도자라는 것을 증명하고 싶어 했다. 그에게 용기를 불어넣은 사람은 성전 기사단의 총장인 제라르였는데, 그는 복잡한 이유로 트리폴리의 레이몽을 미워했다. 부언하자면, 레이몽이 4년 전의 공격 때도 비슷한 조언 — 그 조언은 받아들여졌다 — 을 했기 때문이었다.[30]

기사 수도회의 발목을 잡은 전형적인 음모는 1185년의 프랑크족과 살라딘의 휴전과 그 직후 서명된 비잔틴 황제와 살라딘의 협정이 서로 얽히면서 나온 것이다. 전자는 살라딘의 시리아 지배를 확실하게 만들었고, 후자는 살라딘에게 북쪽 지방을 보장하면서 예루살렘에 그의 병력이 집결하도록 해 주었다. 십자군의 이런 단결력 부족은 궁극적으로 예루살렘을 그리스도교 근거지로 유지하는 데 치명적인 요인으로 작용했다.

30. 제2차 십자군이 필요했던 이유는 무엇인가? 그 목표는 제1차 십자군과 동일했나?

한 가지 기억해야 할 사실은 여덟 번의 정식 십자군을 제외하고도 작전 수행 중인 군대를 지원하기 위해 많은 구호 병력과 추가 병력이 지속적으로 유럽 항구를 떠났다는 것이다. 안티오키아 혹은 아크레 같은 도시에서 벌어진 포위 공격을 돕고 혹은 예루살렘의 요새를 강화하기 위해서였다. 예를 들면, 1100년에 대규모이지만 무질서한 구호 병력이 소아시아에 도착했는데, 목적도 서로 달랐고 그들 사이의 의사소통도 거의 이루어지지 않았다.

그러나 협력이 이루어진 주요 병력들은 별개의 십자군으로 구분될 수 있다. 제2차 십자군은 당시 안전하게 십자군의 손안에 있던 예루살렘이 아니라, 안티오키아를 구하기 위해 파견되었다. (십자군 스스로는 첫 번째 십자군인지 두 번째인지 몰랐다는 사실을 기억하라. 그런 명칭은 후대의 역사가들이 붙여 준 것이다. 1939년에 제2차 세계대전이 일어나기 전까지는 아무도 '대전'을 제1차 세계대전이라고 부르지 않았던 것과 마찬가지다.) 안티오키아는 위험한 상황에 놓여 있었다. 이라크(모술)와 안티오키아의 이슬람교도들 사이에서 동쪽 국경 혹은 완충 지역이라고 불렸던 에데사는 1144년에 이슬람 장군인 이마드 앗딘 장기에 의해 함락되었는데, 그 도시는 안티오키아로 향하는 관문이기도 했다.[31] 이곳은 제1차 십자군의 영토였으나 40년 동안의 그리스도교 점령 기간에 이슬람교도에게 넘어간 지역이기도 했다. 미국 시민전쟁을 떠올려 보자. 애틀랜타가 함락되었을 때 서배너와 오거스타, 찰스턴 등 남부의 도시들이 도미노처럼 점령당했다. 에데사가 함락될 때 노르만 왕국 전체가 위험에 빠졌다. 제2차 십자군은 안티오키아를 위협에서 구하기 위해 소집되었다. 그러나 이는 대참사였다. 투르크와 평화 조약을 맺은 비잔틴 황제는 말할 나위도 없고, 서로 다른 목적을 품은 두 서방의 군대는 1147년 10월에 도릴라이움의 옛 격전지에서 완전히 무너졌다. 살아남은 그리스도교 병사들은 안티오키아로 겨우 퇴각했고, 제2차 십자군 전쟁은 끝이 났다.

31. 클레르보의 성 베르나르도가 제2차 십자군 결성을 위해 설교한 것일까? 패배 소식을 들었을 때 그는 어떠한 반응을 보였나?

성 베르나르도는 금욕적인 시토회를 크게 융성시킨 인물로, 1153년에 사망하기 전까지 혼자서 예순여섯 곳에 수도원을 세웠다. 그는 제2차 십자군을 모집하기 위해 열정적으로 설교했는데, 십자군 원정을 좀 더 종말론적 입장에서 보았다. 즉, 하느님이 자신의 백성 혹은 적들에게 가하는 심판으로 본 것이다. 에데사 함락 이후 베르나르도는 편지 한 통을 썼다.

> 그리고 지금, 우리의 죄로 인하여 십자가의 적들이 신성모독의 손을 쳐들었고 그 칼날로 약속의 땅을 황폐하게 만들었습니다. 만약 아무도 그들을 막으려고 나서지 않는다면 그들은 이제 곧 살아 계신 하느님의 도시를 파괴하고, 우리 구원의 안식처를 뒤엎고, '자주색 피를 지닌 티끌 없는 양'의 거룩함을 더럽히게 될 것입니다 …. 그렇다면 여러분은 무엇을 할 것입니까, 오, 용감한 형제여! 여러분은 무엇을 할 것입니까, 오, 십자가의 종이여!32

십자군의 패전 소식이 유럽에 도달했을 때 베르나르도

는 심장이 찢기는 듯 슬퍼했으며 패전의 합당한 이유를 찾으려고 했다. 그는 고대 이스라엘 민족에게서 유사점을 끌어냈다. 즉, 이집트를 탈출해서 광야로 들어갔던 그 민족은 최종 목적지인 성지로 가는 데 완전히 헌신하지 않았기 때문에 고난을 겪었던 것이다.

> 전체 여정 중에서 그들이 이집트로 되돌아가겠다고 마음먹지 않았던 때가 있었습니까? 하지만 만약 유다인들이 '그들은 … 공포로 사라져 가고'(시편 73,19 참조) 완패당했다면 똑같이 행동한 그들[십자군]이 비슷한 운명으로 고통받는 것을 이상하다고 하겠습니까? 예전의 사람들[유다인들]의 운명이 하느님의 약속과 상반된다고 누가 말할 수 있습니까? 따라서 후대의 사람들[십자군]의 운명 역시 …[33]

비잔틴 황제와 투르크군 양측 모두의 공격으로 십자군에게 불리했던 상황을 생각하면 이는 잔인하고도 부당한 표현일 수 있다. 그러나 성 베르나르도처럼 전쟁에 대한 원동력을 신학에 의존했던 사람이라면 충격적인 패배에 대해서도 신학적이며 성경적인 해답을 찾아야 했을 것이다.

32. 제2차 십자군의 여파로 예루살렘 내 십자군의 상황이 더욱 위태로워졌다고 생각된다. 이슬람교와 그리스도교 지도자들은 성지를 향한 불가피한 공격을 어떻게 준비했을까? 그리고 이슬람 군대는 어떻게 예루살렘의 항복을 받아 낼 수 있었을까?

살라흐 앗딘 유수프 이븐 아이유브 또는 살라딘이라 불린 이슬람 장군이 선수를 쳤다. 1168년과 1169년의 이집트 공격으로 엉망이 된 십자군, 1174년 예루살렘의 왕(아모리 1세)의 사망, 평화조약 체결로 북쪽 십자군의 위협을 막아 보려는 비잔틴제국 및 안티오키아 사람들의 욕구, 이슬람 세력 내 지휘권 불안정이라는 상황 등을 활용하여 살라딘은 교묘하게 이슬람 내 이집트인(파티미드)과 시리아인(압바사드) 분파를 단합시켰다. 또한 예루살렘에 대한 위협에 대처하는 방법을 두고 십자군 지휘관들 사이에서 의견이 분분했다. 대단히 좋지 않은 상황이었다.

그리스도교 지휘관들은 예루살렘 북쪽에 집결한 이슬람교도를 향해 적극적으로 공격할 것인지 아니면 예루살렘 성벽 내에 머무르며 방어적인 태세를 취할 것인지 결정해야 했다. 처음에는 살라딘과 동맹을 맺었으나 이제 예루살렘 방어를 돕겠다고 나선 트리폴리의 레이몽이 예루살렘의 통치자인 기 드 뤼지냥에게 방어를 하는 편이 현명하다고 설득했다. 기는 이미 그러한 전략을 성공시킨 경험이 있었지만 그로 인해 '담력 부족'이라는 비난을 받았다. 성전 기사단의 총장인 제라르는 살라딘과 동맹을 맺었던 레이몽을 미워했다. 그 기간 동안 많은 기사가 죽었기 때문이다. 그는 주저하는 기 드 뤼지냥에게 공격하자고 재촉했다. 기는 이에 설득당했고 십자군 병력 전체를 배치했다.

살라딘은 이 군대를 예루살렘 북쪽 사막으로 유인했으며 1187년에 하틴 전투에서 십자군을 포위하여 전멸시켰다. 토마스 매든은 그 결과에 대해 다음과 같이 기술한다.

'하틴의 뿔'은 십자군 역사상 최악의 패배로 얼룩졌다. 왕국의 거의 모든 병사를 잃었고, 작은 마을과 항구의 작은 수비대만이 남아 그리스도인의 영토를 지킬 뿐이었다. 재난이 되어 버린 한 번의 전투로 인해 예루살렘 왕국은 전쟁을 수행할 능력뿐 아니라 도시를 방어할 힘도 잃었다.[34]

항구도시 아크레는 하틴에서의 패배 이후 일주일 만에 항복했고, 아스칼론은 1187년 9월에, 뒤이어 10월에 예루살렘이 백기를 들었다.

33. 살라딘은 묘사된 것처럼 자비로운 승리자였나?

살라딘을 자비롭다 혹은 잔인하다라고 단정할 수 없다. 하틴 전투 이후 그는 포로로 잡힌 모든 기사를 참수해야 한다고 주장했고 그가 직접 참수한 경우도 있었다. 예루살렘으로 향했을 때는 1099년의 십자군 대학살을 복수하고자 그리스도인 전체를 처형하겠다고 위협했다. 그를 막아 낸 인물은 십자군 지휘관인 이블랭의 발리앙이었다. 그는 예루살렘 방어의 책임자였으며 만약 살라딘이 조건에 동의하지 않으면 예루살렘을 파괴하고 그 도시 내 모든 이슬람교도를 죽이겠다고 엄포했다.

하지만 살라딘은 자기 말을 실행하는 사람으로 알려져 있었다. 이는 항구도시 아크레와 아스칼론이 단 한 번의 싸움도 없이 그에게 항복한 이유 중 하나였다. 그는 또한 실용주의자였다. 예루살렘 내 십자군의 숫자가 줄어들었음에도 예루살렘 포위 공격으로 마침내 성벽을 부술 때까지 여러 날이 걸렸다. 심지어 그 공격조차도 여러 번 격퇴당했으며, 그동안 발리앙과 살라딘 사이에서 항복 관련 협상이 진행되었다. 살라딘은 관대한 조건을 통하여 자신의 병력 손상을 최대한 줄이면서 빠르게 승리를 이룰 수 있다는 사실을 깨달았다. 그리하여 자유를 살 능력이 있는 그리스도인들은 해안 지방으로 안전하게 갈 수 있게 되었다. 발리앙은 자신의 기금을 털어 돈을 내기 위해 온갖 노력을 기울였지만 몸값을 지불할 수 없었던 많은 사람들은 노예가 되었다.

리들리 스콧의 영화 「킹덤 오브 헤븐」(2005)에서처럼 살라딘을 자비로운 사람으로 묘사하려는 시도가 여러 번 있었는데, 사실이라고 받아들이기에는 너무나 단순했고 역사와는 거리가 멀다. 스콧이 하틴 전투 이후 기사들을 참수했던 것과 예루살렘의 거주민들을 선별해서 노예로 삼았던 내용을 생략한 것은 그리 놀라운 일이 아니었다.

34. 살라딘의 예루살렘 함락은 서방에 어떤 영향을 미쳤나?

유럽의 그리스도인들은 예루살렘이 살라딘에게 항복하자 몹시 놀랐고 충격을 받은 듯했다. 그들이 믿을 수 없는 이 소식을 듣기 전까지 원정 전쟁에 대해 스스로 만족스럽게 생각한 데다 근동의 라틴 왕국이 취약했다는 사실을 이해하지 못했기 때문이었다. 제3차 십자군이 소집되었고 이번에는 유럽의 왕들이 군대를 이끌었다. 가장 능력 있고 경험 많은 장군으로 인정받는 독일 프리드리히 1세 바르바로사와 영국의 사자왕 리처드, 프랑스의 필리프 2세가 십자군의 위대한 지휘자였다.[35] 마침내 황제들과 왕들이 관여하게 되었다. 그들의 반응은 빨랐다. 제일 먼저 무기를 든 사람은 소국의 왕인 시칠리아의 굴리엘모 2세였다. 그는 때맞춰 도시를 구하기 위해 노르만 십자군을 트리폴리로 파견했다. 프리드리히의 거대한 군대는 1189년 5월에 독일을 떠났다. 군대 비용을 대기 위해 일명 '살라딘 십일조'가 부과되면서 이번 병력 규모가 제1차 십자군보다 클 것은 분명해 보였다.

35. 제3차 십자군은 예루살렘 탈환에 성공했나?

독일 십자군이 비잔틴제국에 도착하자마자 골치 아픈 문제가 불거지기 시작했다. 그리스 황제인 이사키오스 2세는 프리드리히를 신뢰하지 않았으며, 신성로마제국 황제라는 직위는 오랫동안 동방의 '로마 황제'와 문제를 일으킨 명칭이었다. 이사키오스 2세는 프리드리히가 비잔틴 영토를 통과하기 전에 그 직위를 버려야 한다고 주장했다. 또한 살라딘과 맺은 비밀 조약에는 이사키오스 2세가 새로운 군대의 전진을 막기 위해 모든 노력을 기울인다는 내용이 담겨 있었다. 그러나 프리드리히는 진군하여 아드리아노플을 점령하고서 이를 이사키오스와의 협상에서 주요 쟁점으로 내놓았다. 이사키오스는 마침내 누그러졌다. 거기서 맺은 비밀 조약은 그다음 십자군 전쟁 기간 내내 효과를 발휘했다.

십자군의 지휘권을 뒤흔든 것은 예기치 못한 죽음이었다. 시칠리아의 굴리엘모 2세가 트리폴리 지원 직후 사망하는 바람에 그 항구도시에 있던 노르만 병사들은 꼼짝없이 갇히게 되었다. 또한 일흔의 고령이었던 프리드리히 1세 바르바로사는 그리스도교 왕국인 아르메니아 영토에서 살레프 강을 건너다가 낙마해 익사했다. 원인은 심장마비로 추정된다. 신념이 가장 뚜렷한 장군이었던 그의 사망이 그 원정에 큰 충격을 준 것은 분명했다. 규율이 제대로 잡혀 있지 않은 상태에서 일부 병사를 제외하고는 대부분 곧장 배를 타고 고향으로 돌아갔다.

프랑스와 영국 군대는 해로로 이동해 그때까지 동맹이 유지되었던 티레에 상륙했다. 이는 살라딘에게 굴복하기 직전에 티레를 구해 낸 몬페라토의 코라도의 대담함 덕분이었다. 먼저 도착한 프랑스 군대는 곧 기 드 뤼지냥(하틴 전투에서 살아남았고 아직도 예루살렘의 왕좌가 자신의 것이라고 주장했다)과 당시 보였던 용기 있는 행동으로 왕좌가 자신의 것이라고 생각하는 코라도 사이의 정치적 암투에 빠져들게 되었다. 기는 비록 발상이 좋긴 했지만 무모했던 아크레 포위 공격을 감행했고, 이때 거미줄처럼 뒤엉킨 또 다른 십자군 음모가 이어졌다. 그는 많은 난관에 부딪혔으나 이제 전사로서 자신의 입지를 주장할 수 있었다. 반면에 티레에 남아서 자신의 성과를 확실하게 다지던 코라도는 예루살렘 탈환이라는 목표에 소극적이고 관심이 없다는 인상을 주었다.

필리프 2세와 프랑스 군대는 기와 코라도 가운데 한 명을 선택해야 한다는 어색한 입장에 놓였다. 그러나 곧 코라도는 아크레 포위 공격에 참가할 경우 예루살렘의 왕좌를 주장하는 자신을 지지해 달라고 했고 프랑스 왕은 이를 받아들였다. 코라도는 참가했지만 포위 공격은 실패했다.

사자왕 리처드는 키프로스에서 그리스 왕좌를 차지하려는 또 다른 그리스인의 저항을 받았고 1191년에 키프로스를 진압하면서 일정이 지연되었다. 기 왕은 키프로스에서 리처드를 만나 포위 공격에 참여해 달라고 설득했고 자신을 예루살렘의 왕으로 지지해 달라고 부탁했다. 리처드와 그의 해군이 바다에서 이슬람 구원 병력을 쳐부순 후 승전보를 울리며 상륙했고 그런 다음 십자군은 마침내 아크레의 항복을 받아 냈다.

프랑스 왕의 질투 때문에 그곳에 머무를 수 없었던 리처드는 기를 예루살렘의 왕으로 인정한 다음 고향으로 향했다. 즉, 기 드 뤼지냥이 사망 때까지 왕좌를 지키고 그 이후 코라도가 왕좌를 계승한다는 내용이었다. 사자왕 리처드는 혼자서 계속 나아가야 했다. 그는 아크레에서 이슬람 수비대를 처형했는데 그 수가 무려 2500명이나 된다고 주장하는 사람도 있다. 이는 살라딘이 예수 그리스도가 못 박혔던 십자가 유물 반환을 포함하여 첫 번째 몸값 지불을 제대로 하지 못한 후에 벌어진 일이었다. 그런 다음 두 번에 걸쳐 예루살렘 탈환을 시도했으나 두 번 모두 목표에 미치지 못했다. 리처드는 하틴 전투에서 배운 교훈에 따라 야전을 피하고 확실한 실패로가 분명해 보이는 미끼를 물지 않으면서 자신의 병력을 구해 냈으나 살라딘의 통치하에 있는 예루살렘을 탈환할 수 없었다. 그 뒤 필리프 2세가 프랑스 내 영국 영토에 대해 권리를 주장한다는 소식이 들려왔을 때 리처드는 자신이 최선을 다했다고 생각하며 1192년에 귀향했다. 토마스 매든은 제3차 십자군에 대해 이렇게 기술했다.

어떤 잣대로 재어 보아도 상당히 성공적인 원정이었다. 하틴 전투에서 살라딘이 차지한 승리의 성과를 거의 모두 쓸어버렸다. 십자군 왕국은 그 분열을 치유했고 해안 도시들을 되찾았으며 가장 커다란 적과의 평화를 확립했다. 비록 예루살렘 탈환에 실패했지만, 리처드 왕은 동부 지중해 섬 및 연안에 거주하는 그리스도인들이 자립하도록 해 주었다.[36]

사실상 그 당시의 유럽인들은 깨닫지 못했으나 그때가 서방 그리스도인들이 예루살렘을 탈환할 수 있었던 마지막이자 가장 좋은 기회였다. 이듬해인 1193년에 살라딘이 사망했다. 그러나 제3차 십자군은 희미한 추억으로 남아 있을 뿐이었다.

36. 제3차 십자군의 예루살렘 탈환 실패로 유럽 내 십자군 정신이 붕괴되었을까? 제4차 십자군이 존재했나?

새로운 세대의 기사들은 아버지 세대가 이루지 못했던 것을 성취하고 싶었다. 1198년에 선출된 30대의 젊은 교황 인노첸시오 3세는 무엇보다 성지를 탈환한 교황이 되길 원했다. 그래서 제4차 십자군 모집을 호소했다.

사자왕 리처드는 제3차 십자군 참전으로 자리를 비우는 동안 교황이 그의 영토를 보호해 주지 않았다고 느꼈기 때문에 모병에 관심을 보이지 않았고 자신의 영토를 되찾는 데 노력을 기울이다가 1199년에 사망했다. 영국과 프랑스 사이, 왕좌의 권리를 주장하는 독일 경쟁자들 사이에서 여러 조약이 맺어졌고, 해로를 통한 병력 수송을 위해 베네치아인들과의 재정적 합의가 이루어졌다.

초기의 열의에도 불구하고 제4차 십자군에 모집된 병력

은 지휘관들의 기대에 못 미쳤다. 3만 5천 명을 예상했으나 1만 1천 명만이 아크레로 가기 위한 집결 장소인 베네치아에 모였다. 재정도 바닥났다. 지휘관들은 십자군 자체에서 모인 자금으로 베네치아 함대에 비용을 댈 수 있길 희망하면서 모자란 부분을 채우기 위해 베네치아 총독과 협상해야 했다. 그중 가장 중요한 조건은 베네치아의 옛 식민지인 자다르 공격에 합의한 것인데, 자다르는 십자군에 참전한 바 있던 헝가리의 아모리 왕이 통치하고 있었으므로 교황은 이를 허락하지 않았다. 교황은 현명하게도 그 결정이 십자군의 원래 목적에서 벗어나는 행위이며 그리스도교 군대와 그리스도교 도시가 서로 겨루게 될 뿐이라는 것을 예견했다.

그러나 제4차 십자군은 통제 불능 상태가 되었다. 이유는 지휘관들 때문이었고 그들은 나머지 여정을 위한 재정이 필요했다. 십자군을 뒤흔든 또 다른 요소는 그리스 왕자의 출현이었다. 그의 아버지 이사키오스 2세는 친동생(알렉시오스 3세)에게 축출당했다. 쫓겨난 왕의 아들이며 강탈자의 조카인 젊은 왕자는 십자군에게 많은 양의 금을 주겠다고 약속했다. 그 재물로 항해와 비잔틴제국에 대한 후원 비용을 댈 수 있을 터였다. 십자군 지휘관들과 베네치아의 후원자들은 어리석게도, 왕좌에 대한 주장은 합법적이지만 그 약속을 지킬 능력이 없는 젊은 왕자에게 설득당했다.

이로 인해 인노첸시오 3세가 우려하던 분열이 일어났다. 십자군 지휘관들은 젊은 왕자를 왕좌에 앉힌 다음 길을 떠나길 바랐으나, 그 과정은 그리 순탄하지 않았다. 반발이 엄청났으며 따라서 십자군은 약속을 지키기 위해 그곳에서 또 한 번의 겨울을 보내게 되었다. 젊은 왕자는 알렉시오스 4세로 왕위에 올랐으나, 십자군 체류에 대한 시민의 반발로 곧 축출당했다.

콘스탄티노플로 향한 십자군은 1204년에 승리하면서 약 50년 동안 지속되는 서방의 왕국을 세웠다. 예루살렘으로 진격하려던 마음이 사라졌으며 변변치 않던 제4차 십자군 원정은 막을 내렸다. 점령 기간에 상당한 약탈이 자행되었는데 성 마르코 유해가 모셔진 베네치아의 성 마르코 대성당 입구의 청동 말 조각상 네 점과 많은 유물은 그때 콘스탄티노플에서 가져온 것이다.[37]

37. 제4차 십자군 전쟁 이후 성지 탈환을 위해 조직된 두 번의 십자군은 총 여덟 번의 십자군에 포함되지 않는다. 이들 알비 십자군과 소년 십자군은 엄밀한 의미에서 보면 십자군이었을까 아니면 일종의 일탈 혹은 소동이었을까?

이 두 번의 '십자군'은 실제로 존재했으며 논의할 필요가 있다. 둘 중 알비 십자군이 좀 더 중요하지만, 1212년에 일어난 소년 십자군부터 살펴보자. 1212년에 '어떤 사건'이 일어났고, 이때 프랑스와 독일에서 봉기한 민중들은 예루살렘으로 가서 군대가 해내지 못한 것을 이루자며 마르세유 항구로 향했다. 전해지는 이야기에 따르면, 프랑스의 한 양치기 소년이 예수에게 십자군 원정을 계속하라는 메시지를 받았는데 프랑스 왕이 소년의 말에 귀를 기울이지 않자 자신을 후원해 달라면서 대중운동을 일으켰다. 이에 지지 않고 독일의 또 한 그룹이 조직되어 원조격인 소년 '십자군'에 합류했다. 소년들은 거대한 노예 무역항인 마르세유에 도착했다. 배에 올라탄 그들은 곧장 이슬람교도에게 노예로 팔렸다. 일부는 이슬람교로 개종하지 않아 순교했다.

스티븐 런시맨은 그의 저서 『십자군의 역사』에서 후대의 연대기 기록자가 전하는 이 이야기를 믿는 것 같다. 그 사건은 3만 명쯤 되는 순수한 소년들의 열정적 행동으로 묘사되었다. 하지만 이러한 십자군에 대한 당시의 기록은 없다. 현대 학자 대부분은 티레인들이 그 사건에 대해 언급조차 하지 않았다는 점을 들어 그 숫자와 사건 자체에 의문을 제기한다.[38] 조녀선 필립스는 군대에 대한 불만으로 어떤 열정적 민중운동이 일어났다고 주장하지만 그 역시 그리 중요하지 않은 것으로 치부했다. 그는 '일이천 명' 정도 되는 사람들이 제노아 항에 도착했다고 주장한다.

> 현실적인 선장들은 그 폭도들이 요구한 무료 승선을 거절했고, 희망을 품고 왔으나 너무 순진했던 여행자들의 꿈은 순식간에 물거품이 되었다. 일부는 제노아에 눌러앉았고 일부는 마르세유로 갔는데 그곳 선원들도 승선을 거부했다. 나머지는 터덜터덜 집으로 향했다. 더 이상 친절한 환영도 없었고 그들의 우둔함은 조롱거리가 되었다.[39]

딕슨의 저서 『소년 십자군』에는 그 이후의 기록자들과 역사학자들이 그 사건을 역사편찬적 기록으로 만든 내용이 실려 있으나 놀랍게도 실제 발생한 내용을 묘사하는 데는 도움이 되지 않는다.[40] 그러한 운동은 은자 피에르가 이끌었다가 불행하게 끝난 민중 십자군의 메아리에 불과한 듯했으나 어떠한 조직의 관여 없이 일어난 일인 데다 포퓰리즘적 교황 인노첸시오 3세의 관심을 끌기에는 충분했다. 그는 일반 대중의 열의를 결집하여 미래의 십자군을 모집하려 했기 때문이다.

38. 알비 십자군이 소년 십자군보다 더 중요하다고 했다. 그에 대해 설명해 줄 수 있는가? 어떤 방식으로든 그것은 제4차 십자군과 관련이 있었는가?

제4차 십자군 원정 기간에 시몽 드 몽포르라는 생소한 이름이 등장했다. 시몽은 프랑스 병력의 책임자였고 그리스도교 요새인 자다르를 공격하는 데 반대했는데, 그렇게 하는 자는 모두 파문한다는 교황의 경고 때문이었다(질문 36 참조). 그는 프랑스로 돌아오는 길에 또 다른 '십자군'을 조직할 기회가 있었으나 그것은 국내 문제인 데다 이슬람교와는 관계가 없었다.

스페인과 근접한 남부 프랑스에는 여러 인종이 살고 있었고, 유다인과 이슬람교도들은 그 지역 사회와 학문에 영향을 미쳤다. 우리는 이를 이슬람 철학자들이 보존했고, 유다인 학자들이 번역했고, 그런 다음 성 토마스 아퀴나스 같은 그리스도교 신학자들이 읽은 아리스토텔레스 철학의 영향에서 볼 수 있다. 또한 발칸 지역에서 뒤늦게 도착한 이민자들(보구밀Bogumil이라고 알려져 있었다)이 있었다. 그들은 종교 때문에 쫓겨 온 사람들로서 주요 활동 지역이 프랑스 남서쪽에 위치한 알비시였기 때문에 알비파(Albigensians)라는 명칭이 붙었다(라틴어로 'gens'는 시민이라는 뜻이다. 따라서 'Albigens'는 알비의 시민이라는 뜻이다). '카타리파' 혹은 '마니교도'라는 명칭도 이들의 운동과 동의어처럼 사용되었다. 이는 이단인 고대 마니교가 부흥한 것으로, 아우구스티노 성인도 수년 동안 이에 심취한 적이 있었다. 마니교도들은 두 종류의 신이 있다고 믿었다. 사악한 신은 이 세상과 세속의 쾌락을 창조했고 선한 신은 빛과 영혼의 신이었다. 알비파는 예술과 음악, 스포츠, 춤, 심지어 좀 더 본능적인 욕구인 생식 같은 육체적인 '것'에 대해 의문을 제기했다. 새로운 생명을 사악한 세상으로 데려온다는 이유를 대며 결혼에 반대했고 자살을 권장했다. 알비파가 그리스도교 세상에 악영향을 끼친 이유는 인간 생활의 모든 가치에 의문을 제기했을 뿐 아니라 그리스도의 육신화가 지닌 가치와 물, 빵, 포도주, 향유라는 물리적 상징과 함께 전례의 유효성에 대한 불신을 제기했기 때문이다(질문 57-60 참조).

알비파는 자체 교회 행정조직과 정치적 동맹을 만들고 발전시키기 시작했다. 1208년경, 프랑스 남서부 도시인 툴루즈와 카르카손, 알비, 아쟁에 각각 알비파 주교가 있었다. 문제가 심각해진 계기는 교황 특사였던 카스텔로의 베드로가 프랑스 남부를 여행하는 중에 살해당한 사건이었다. 북부인들은 이를 교회에 대한 공격으로 생각했고 실제도 그랬기 때문에 알비파 운동을 근절하기로 결정했다. 교황은 처음에 이 '십자군'을 지원하면서 성지로 향했던 십자군들에게 준 것과 동일한 영적 혜택을 부여했다. 그는 이것이 북부와 남부 사이의 정치적 싸움 혹은 시몽 드 몽포르와 그의 정적들 사이의 싸움으로 번지게 되고 종교를 유혈 사태의 핑계로 내세우게 된다는 사실을 깨닫지 못했다.

이 '십자군'은 1209년에 시작되어 베지어를 완전히 초토화시켰으며 다른 도시들은 재빨리 항복했다. 시몽이 이제 주도권을 잡았고 상황을 복잡하게 만들었다. 북부인들은 남부의 이단을 제거하자고 주장했다. 그러나 여러 정치적 목적이 뒤섞여 있는 데다 시몽 드 몽포르는 가능한 한 많은 영토를 차지하고 툴루즈의 백작이 되려는 야망을 드러냈다.

이는 내전에 가까웠고 모든 내전이 그렇듯 상처는 몇 년 동안 곪아 갔다. 시몽은 툴루즈 공격을 이끌다가 1218년에 사망했다. 루이 8세가 왕위에 오를 때(1223)까지 남부에서 전쟁이 계속되었다. 십자군을 성지로 보내길 원했던 루이 8세는 1226년에 아비뇽 포위 작전을 성공시킨 다음 알비 십자군 전쟁을 효과적으로 끝내려고 했다. 그는 두 달 후에 사망했지만 협상은 지속되어 1229년에 파리에서 조약이 체결되었고 남부의 영주들은 루이 9세의 어머니가 섭정하는 것을 인정하기로 했다. 루이는 그 당시 열다섯 살의 소년이었지만 그 전쟁의 상처가 잘 아물도록 많은 일을 했다. 교황 역시 전쟁을 종결시키기 위해 두 가지 중요한 수단을 사용하며 노력했다. 첫째, 그는 전대사나 죄와 빚 탕감과 같은 그리스도교적 우대 조치를 없앴는데, 그 이유는 병사들의 관심을 성지로 다시 한 번 돌리고 싶었기 때문이었다. 둘째, 그는 카타리파를 합법적으로 처리하기 위해 이단심문을 도입했다. 토마스 매든이 지적한 것처럼 이단심문은 "대규모 십자군(이 십자군에 대해서는 질문 62-63 참조) 병력보다 훨씬 더 효과적인 도구라는 사실을 증명했다".[41] 또한 실제 이단과 정적政敵이 다르다는 사실을 분명하게 기술하고 있다.

39. 제5차와 제6차 십자군은 역사가들의 큰 관심을 받지 못했다. 그들은 무엇을 성취했나?

조 올덴버그는 『십자군 전쟁』에서 처음 세 번의 십자군 전쟁만 다루었고 나머지 십자군 전쟁은 성지 탈환을 위한 진정한 시도가 아니라 다른 목적을 추구했던 혼란스러운 사건들이라고 논평했다. 즉, 제4차 십자군은 콘스탄티노플로 향했고, 제5차와 6차는 성의 없고 비효율적인 구호 원정대였으며, 제7차와 8차는 속수무책일 만큼 서투른 공격으로

예루살렘 근처에도 못 가고 좌초되었다고 했다.[42]

이전 십자군 원정이 차질을 빚었음에도 열망은 줄어들지 않았다. 한편 소년 십자군과 알비 십자군에서 알게 된 것이 있다면 서방의 전투 정신은 아직 많이 살아 있었지만 큰 차이점이 하나 있었다. 제1차 십자군 전쟁에서는 병사들이 최종 목적에 헌신했고 전쟁 기간 내내 참여한 반면, 그다음 십자군에서는 병사들이 일정 기간에만 참여했고 최종 목적에 대한 계획 없이 '십자군에 합류'한 것으로 만족했다. 기사 수도회의 일원이 아닌 경우, 십자군 병사들은 참여했다가 단기간만 활동하고는 떠났기 때문에 병력 숫자는 예측할 수 없었고 가변적이었다. 장군들은 자신의 병사가 몇 명인지도 알 수 없게 되었다.

그럼에도 제5차 십자군 전쟁은 더할 나위 없이 좋은 성공 기회를 맞았지만 십자군은 부당하게 방치되었다. 이는 알비 십자군이 거의 끝날 무렵인 1218년에 시작되었다. 다시 한 번 이집트를 통해 접근을 시도했다. 이집트의 이슬람교도들은 중요 도시인 다미에타가 함락되자 십자군에게 예루살렘을 포함시킨 관대한 조건을 제시했다. 그러나 성전 기사단과 구호 기사단이 합류한 십자군은 자신들이 이집트와 성지를 모두 차지할 수 있다고 생각하며 쉬운 조건을 받아들이는 데 반대했다. 신성로마제국 황제인 프리드리히 2세는 대규모 군대를 데려오겠다고 계속 약속했으나 그가 모습을 드러낸 것은 십 년이 흐른 뒤였다. 십자군은 1221년 6월에 이집트의 만수라를 공격했는데, 이는 사막 환경이나 나일강의 범람 시기를 고려하지 않은 경솔한 작전으로, 참담한 실패로 끝났다. 이슬람 장군들이 요구한 항복 조건에는 다미에타 반환이 포함되었다. 이른바 "환상적인 성공을 이룰 수 있는 순간이 굴욕적인 패배로" 끝나고 말았다.[43]

40. 프리드리히 2세는 자신의 상황에 맞추어 도착했으나 그의 십자군 원정(제6차 십자군)은 혼돈과 패배로 끝났다. 어떻게 이런 일이 일어났을까?

제6차 십자군 전쟁은 군사적인 면보다 정치적인 낭패에 가까웠다. 예루살렘 탈환을 위한 공격은 한 번도 실행되지 않았다. 그 대신 십자군은 프리드리히 2세가 예루살렘을 점유한 이슬람교도들과 벌인 휴전 논의를 지켜봐야 했다. 그 도시에 병력 증강을 하지 않고 이슬람교도들을 상대로 하는 어떠한 전투에도 도움을 주지 않겠다는 등의 내용이었다. 프리드리히가 맺은 조약은 수치스러운 것이었다. 그는 교황에게 파문당했고 결과적으로 기사 수도회는 그를 외면했다.

그는 십자군을 도우러 오겠다고 십 년 전에 약속했으나 이제야 나타나 왕좌가 자신의 것이라고 주장했다. 프리드리히는 예루살렘의 왕이 되고 싶을 뿐이며 그 직위가 십자군 원정에서 어떤 의미를 지니는지에 대해서는 관심이 없는 듯했다. 그는 성묘 성당에서 왕좌에 오른 뒤 재빨리 고향을 향해 출발했는데, 그가 배를 타기 위해 아크레 거리를 지날 때 사람들은 그에게 쓰레기를 집어 던졌다.

41. 이집트가 십자군의 주목을 받은 이유는 무엇이었나? 십자군 장군들이 연이어 예루살렘 탈환 전에 이집트를 중립지대로 만들려고 했던 이유는 무엇이었나?

이집트는 동부 지중해 연안에서 십자군 국가들이 쉽게 공격할 수 있는 지점으로 여겨졌다. 앞에서 본 것처럼 아모리는 예루살렘의 왕으로 있을 당시 이집트에 집착한 듯했다. 그는 다미에타 항구를 무너뜨리고 알렉산드리아를 포위하기 위해 군대를 보냈다. 사자왕 리처드는 예루살렘을 공격하기 전에 이집트를 점령하고 싶어 했다. 제4차 십자군은 콘스탄티노플을 공격하기 전에 옆길로 새어 이집트로 향했다. 제5차 십자군은 다미에타 점령을 원했고 그 일을 이루었으나 훨씬 더 남쪽인 만수라(최종 목적지는 카이로였다)를 점령하려고 내려갔다가 그곳에서 몰살당했다.

이집트는 이슬람의 요새로서 이슬람 군대의 물자와 병사를 대 주는 공급원이었으며 동부 지중해 연안에서 십자군에게 눈엣가시 같은 존재였다. 살라딘은 예루살렘을 공격하기 전에 이집트인들과 연합해야 했다. 따라서 이집트의 중립화는 성지에서의 영원한 성공을 위한 열쇠로 인식되었다. 이슬람 장군들이 모든 항복 협상에서 항상 다미에타의 반환을 요구했다는 사실은 그 항구도시의 중요성을 보여 준다. 프랑스의 루이 9세가 이집트를 정복하면서 그의 십자군 원정을 시작하려고 했던 것처럼 이곳은 마지막 십자군 원정에서도 주목을 받았다.

42. 프랑스의 왕 루이 9세는 자신의 영토에서 북부인들이 알비파 영토를 습격했을 때 형성된 반감뿐 아니라 예루살렘의 탈환과 관련하여 교착상태를 종식시킬 방법을 알고 있다고 생각했다. 그는 무슨 계획을 세웠나?

이후에 '성 루이'라고 불린 루이 9세에게는 원래 계획이 있었다. 그는 자기 나라에서 알비 십자군(질문 38 참조)이라는 내전을 경험한 지 얼마 되지 않았고, 쓰라린 결과와 분노가 분명히 뒤따랐을 것이다. 양측이 마침내 평화조약을 맺을 당시 비록 나이 어린 소년이었지만 루이는 나라의 통합을 원했다. 그는 북부와 남부의 영주들에게 십자군 원정을 위해 함께 힘을 모으자며 용기를 불어넣었고, 그리하여 분열된 나라를 통합시킬 수 있다고 생각했다. 공동의 적은 단결을 위한 강력한 동기가 될 수 있었다.

43. 나라를 단결시키려는 루이 9세의 시도는 효과가 있었을까?

비록 최종 목표인 예루살렘 정복을 이루지는 못했지만 사실상 효과가 있긴 했다. 순례 참가에 동의한 남부의 영주들에게 영토가 하사되면서 알비 십자군 전쟁 동안 빼앗긴 영지와 작위가 회복되었다. 루이 9세의 노력의 결과로 통일을 이룬 나라가 현재의 프랑스다. 루이 9세 통치 초기에 '나라'는 특히 종교적으로나 언어적으로 심각하게 분열된 상태였지만 그의 노력으로 두 영역 모두 통일을 이루게 되었다.[44]

44. 루이 9세의 공격 계획은 이전의 십자군과 달랐을까?

이전의 수많은 군대 지휘관들처럼, 루이는 이집트를 통해 예루살렘으로 가는 것이 가장 좋은 방법이라고 생각했다. 과거의 십자군들은 소아시아를 힘들게 통과하고 말썽 많은 비잔틴인들을 다루면서 시간과 에너지를 많이 소모했다. 아크레에 상륙하는 것은 쉬울 터이며, 그렇지만 우려스러운 남쪽의 이집트인들을 상대하지 않을 작정이었다. 좀 더 잘 조직되고 제대로 이끈다면 제5차 십자군이나 그 비슷한 군사작전으로 손에 잡힐 듯했던 승리를 마침내 이룰 수 있을 것 같았다.

제7차 십자군으로 알려진 십자군 원정은 시작은 좋았으나 이내 좌초되었다. 다시 한 번 다미에타 항구가 최초의 목표 지점이었고 쉽게 함락되었다. 사실 너무 쉬웠다. 제5차 십자군이 여덟 달 만에 이룬 것을 루이는 하룻밤 새에 해냈다. 그는 제5차 십자군의 실수를 피하고 싶었으나 사실상 똑같은 실수를 저질렀다. 다미에타를 확보하고 북쪽으로 향하는 대신, 그는 마지막으로 다시 한 번 이집트를 정복하고 싶다는 유혹에 빠졌다. 다미에타를 너무 쉽게 정복하는 바람에 남쪽에서도 똑같이 쉽게 승리할 것이라고 오판한 것이었다. 일은 그리 쉽게 풀리지 않았다. 만수라 지역은 십자군의 엄청난 공격에 다시 한 번 저항했다. 루이는 항복했고, 이집트인들은 몸값을 요구하며 그를 억류했다. 마침내 풀려난 그는 해안 수비대를 따라 방어력 증강을 위한 기금을 마련하기 위해 성지로 향했다.

45. 루이 9세는 예루살렘 탈환이라는 꿈을 버릴 수 없었기에 제8차 십자군을 다시 소집했다. 이 십자군의 목적은 무엇이었나? 다른 십자군들보다 더 나았다고 말할 수 있을까?

루이는 예루살렘을 그리스도교에 되돌려 주고 싶다는 이상적인 목표를 항상 품고 있었다. 그러나 그는 나이가 들어 갔고 시간이 부족했다. 다시 한 번 올바른 충고를 듣지 않은 채, 마지막 십자군을 조직했고 1270년 7월에 길을 떠났다. 모든 사람이 놀랐듯, 그는 이 상황에서 이집트 동맹자를 배제하겠다고 생각하면서 비교적 작은 요새인 튀니스를 공격하기로 결정했다. 이 원정에서 제대로 된 것은 하나도 없었다. 동맹군은 시간에 맞춰 도착하지 못했고 한여름의 기후는 끔찍했다. 루이의 아들을 포함하여 많은 병사가 질병으로 사망했다. 루이 자신도 1270년에 이질로 사망했다. 그는 스스로 원했던 것처럼 성지 탈환을 위해 목숨을 바친 순교자가 되었으며, "오, 예루살렘! 오, 예루살렘!"이라는 말을 남기고는 세상을 떠났다.

46. 제8차 십자군 원정은 예루살렘 탈환을 위해 서방의 군대가 정식으로 조직되었던 마지막 원정이 되었다. 루이의 실패 이후 무슨 일이 있었나?

기사 수도회는 당분간 남아서 순례 길을 따라 세워진 여러 요새에 인력을 배치했다. 그러나 이들 요새는 고립되었고 서로 지원할 수 없었다. 막강했던 기사의 성채(Crac des Chevaliers)를 포함해 요새들은 차례로 함락되었고 남은 것은 항구도시 아크레뿐이었다. 그 도시 역시 1291년에 이슬람의 공격으로 함락되었으며 기사들은 모두 처형되었다.[45]

47. 제8차 십자군 원정이 끝난 이후에도 또 다른 십자군이 성지를 탈환하기 위해 조직되었나?

전투는 계속되었으나 1096년부터 1270년까지의 전투처럼 십자군 전쟁이라고 부르기는 힘들다. 그 전투들은 발칸반도 혹은 이탈리아를 급습하는 투르크인들을 막기 위한 방어적 활동이었다. 1396년에 도나우강 인근 니코폴리스(현 불가리아)에서 전투가 벌어졌는데 이는 서방의 연합군에게 재앙이 되었다. 이번에도 그들에게는 사령탑이 없었고 조직을 갖추지 못했고 규율이 없는 상태에서 이슬람교도와 싸웠으며 장군들은 승리보다는 악평과 명성을 두고 경쟁했다.[46]

콘스탄티노플이 1453년에 투르크인들에게 함락되었다. 콘스탄티노플은 700년대 이래 높은 기술로 방어를 했는데, 거대한 성벽과 화염 방사기의 중세 형태라고 할 수 있는

'그리스 화약'을 활용하여 당시 아랍인들의 엄청난 습격을 막았다. 그러나 콘스탄티노플의 기술은 그리스인들의 기술보다 뛰어났을 것이다. 1400년대 중반 무렵 투르크인들은 대포를 이용하여 새로운 공성구를 만든 유럽 전문가의 도움을 받아 콘스탄티노플의 성벽을 부수려고 했다. 비잔틴 사람들은 진퇴양난에 빠졌다. 그들은 투르크인의 습격과 함락에 저항하고 싶었으나 서방인들도 투르크인과 별반 다를 바 없이 자신들의 영토를 점령할지 모른다고 의심했다. 하지만 몇 세기 동안 그랬던 것처럼 비잔틴 사람들은 그들의 왕국을 유지하는 데 골몰했고 그 때문에 모든 것을 잃어버렸다.

48. 니코폴리스와 콘스탄티노플에서의 승리가 합쳐져서 동부 유럽을 투르크인에게 내어 준 셈이었다. 투르크인이 새롭게 얻어 낸 성과의 이점을 취하는 데 방해가 된 것은 무엇일까?

두 가지가 있다. 하나는 르네상스가 진행 중인 이탈리아 때문에 주의가 흐트러진 것 같았다. 투르크인들은 1481년에 이탈리아 최남단에 위치한 오트란토를 공격했고 지휘관과 나이 든 주교를 쇠톱으로 절단해 살해했다. 이탈리아 도시국가들이 이에 충격을 받고 한 추기경이 이끄는 함대가 조직되었다(이는 당시 교회 상황을 엿볼 수 있게 해 준다). 그 함대는 도시를 탈환했으며 반도는 이탈리아로 회수되었다.

투르크인들이 직면한 두 번째 문제는 신성로마제국의 황제이자 스페인의 왕인 샤를 5세의 존재였다. 샤를은 유럽으로 잠식해 오는 투르크인들을 막는 데 모든 노력을 기울이기 위해 독일 왕자들과의 싸움을 잠시 멈추었는데, 그 왕자들은 골치 아픈 수도승인 마르틴 루터를 이용하여 샤를의 법률 및 교회에 대한 불만에 초점을 맞추며 공격해 온 터였다. 루터는 1517년에 교황에게 반기를 들었다. 베오그라드가 1521년에 투르크인들에게 함락되고, 1529년에는 빈이 포위되었으나 함락을 겨우 모면했다. 이 사건들은 서로 관계가 없는 것이 아니며 일부 역사가들은 개신교가 순전히 1500년대 중반 신성로마제국에 가해진 투르크의 위협 덕분에 성공했다고 주장한다.[47] 아마도 거기에는 좀 더 복잡한 사정이 있을 터였다. 루터주의는 그 자체로 인기를 끌었지만 신성로마제국의 황제가 투르크의 위협을 막아 내기 위해 루터주의자들과 타협해야 했던 것도 사실이었다. 그러한 혼돈 속에서 루터주의는 지속되었고 퍼져 나갔다. 투르크인들이 그의 제국을 위협하지 않았더라면, 샤를은 루터파 왕자들을 상대로 군사력을 사용했을 것이며 특히 루터주의자들과 개신교에게 사태는 다르게 전개되었을 수도 있었다. 또한 유럽 그리스도교 국가들 내부의 분열을 볼 때 앞으로 십자군 소집은 거의 불가능해 보였다. 오직 교황만이 십자군을 소집할 힘이 있었으나 유럽 국가들 중 절반은 교황에 관심이 없었다.

다음번 주요 전투는 1571년에 소아시아 해안에서 약간 떨어진 곳에서 벌어진 레판토 해전이었다. 이는 여러 가지 면에서 결정적인 전투였다. 투르크인들은 이후 수백 년 동안 유럽 공격에 공을 들이지 않게 되었고 바다에서 취할 수 있었던 이점을 상실했다. 한편 도미니코회 출신 교황 비오 5세는 전투가 벌어지던 날(10월 7일)에 묵주기도를 하면서 그리스도교 해군이 승리하는 환영을 보았다고 전해진다. 그 후 일주일 동안 전투 소식을 듣지 못했다가 승전 소식을 듣고는 10월 7일을 승리의 성모 축일로 정하려고 했다. 나중에 의미가 약간 축소되어 묵주기도의 동정 마리아 기념일이 되어 도미니코회의 소중한 헌신을 기렸고 오늘날에도 이날을 기념하고 있다.

마지막으로 대단히 중요한 전투가 남아 있었다. 아드리아 해안으로 올라간 투르크인들이 1683년에 다시 빈을 포위했다. 이는 유럽 전체에 심각한 위협이었다. 얀 소비에스키가 이끄는 폴란드 군대가 남쪽으로 내려와 이슬람교도들을 완전히 격퇴했다.⁴⁸ 그리스도인과 이슬람교도의 격렬한 싸움은 이 전투와 함께 막을 내렸다.

49. 그리스도인들이 스페인의 이슬람교도를 몰아낸 레콩키스타(국토회복운동)는 아직 언급되지 않았다. 그 사건은 성지로 떠난 십자군 원정과 심지어 알비 십자군과 어떻게 연결되는가?

국토회복운동은 십자군이 국제적 차원에서 하려고 했던 것을 국가적 차원(스페인과 포르투갈)에서 하려고 노력했던 사건이다. 1066년에 시작되었고 스페인은 수차례의 군사작전을 통해 이슬람교도에게서 이베리아반도를 되찾으려고 시도했다. 마침내 1492년에 그라나다가 함락되면서 국토회복운동은 성공을 거두었다. 알비 십자군의 여파로 이단심문이 도입되어 전투로 얻은 성과를 법률적으로 공고히 하고 싸움을 법적 과정으로 대체하는 수단이었던 것처럼, 국토회복운동에 이어서 스페인 이단심문(사실상 그라나다가 함락되기 십년 전에 시작되었다)이 이루어졌고 국토회복운동을 통해 군사적으로 성취한 내용을 법률적으로 확정지으려고 노력했다. 이는 콘키스타도레스conquistadores라고 불렸던 그라나다의 정복자들을 신세계로 갈 수 있도록 해 주었다. 이들 두 가지 이단심문은 이 책의 후반부에서 자세히 논의할 것이다.

50. 성지로 향했던 십자군이 실패한 궁극적 원인은 무엇인가?

여덟 번의 십자군에 관한 이야기를 읽으면서 내릴 수 있는 결론은 서방인들이 성지에 대한 완전한 통제권을 얻어낼 수 없었던 여러 이유가 있었다는 것이다.

1. 사령탑이 없었다. 장군들은 자신의 군대를 데려가 다른 군대와 협력하여 공격 혹은 방어한다는 개념이 부족했다. 서로 경쟁하는 장군들 사이의 질투심으로 개인적인 불화를 일으켰다. 장군들은 협력하기를 거부했으며 때때로 다른 이들의 성과를 해치기도 했다. 프랑스의 필리프 왕은 아크레가 제3차 십자군 원정에서 함락된 후 사자왕 리처드와 협력하여 싸우지 않았다. 코라도는 아크레 포위 공격에서 처음에는 기 왕과 함께 싸우지 않았다. 모두 별것 아닌 일에 발끈해서 유럽으로 돌아간 것처럼 보였다.

2. 장군들은 개인적인 정복심에서 벗어날 수 없었다. 보에몽이 투르크의 카르부가 장군을 물리쳤을 때 그는 안티오키아가 당연히 자신의 것이라고 생각했다. 동맹군 지휘관들은 타르수스(그들이 정복하지 못한 장소)에 자신들의 왕국을 세우려고 안달했던 것 같다. 코라도가 항구도시 티레를 구했을 때 그는 '예루살렘의 왕'이라는 칭호가 자신의 것이라고 믿

었다. 비잔틴 황제는 프리드리히 1세 바로바로사를 돕고 싶지 않았는데 프리드리히가 '신성로마제국의 황제' 직위를 가졌기 때문이었다.

3. 군대는 그들이 선택한 지휘관 없이 계속 나아갈 수 없는 듯했다. 바로바로사가 제3차 십자군 원정 기간에 사망했을 때 그의 병력 대부분은 귀향했다. 시칠리아의 굴리엘모 2세가 트리폴리 탈환 후 사망했을 때 그의 노르만 병사들은 진군할 힘을 잃은 듯했다. 한 번의 예외가 있었는데, 안티오키아 함락 후 지휘관들은 아무도 예루살렘을 향해 가려고 하지 않았으나 일반 병사들의 주도로 진군했다.

4. 비잔틴 황제들과 서방 십자군들은 지독히도 불쾌한 관계에 있었다. 양측 간 불신이 깊었고 서로 다른 목적으로 충돌했으며 서로의 의도를 의심했기 때문에 진지하게 믿고 협력할 수 없었다.

5. 필자의 의견이긴 하지만, 마지막 원인은 거리가 너무 멀었다는 것이다. 그 지역이나 나라의 이익과 상관없는 수천 마일 떨어진 곳에서 벌어진 전쟁에 대해 대중의 관심을 유지하기 힘들었다. 여덟 번의 십자군 원정에서 가장 주목할 점은 그토록 오랜 기간 동안 계속되었다는 사실이다.

공교롭게도 똑같은 조건이 스페인의 이슬람교도에게 적용되긴 했으나 방향은 반대였다. 이슬람 지도자는 중앙 사령탑 없이 분열되어 있었다. 그들은 목적도 달랐고 어떤 종류의 이슬람을 내세울지에 대해서도 의견이 달랐다. 이슬람과 그리스도교 장군들 사이에 여러 조약이 맺어졌는데, 이는 이슬람 측 분파 혹은 지휘관들로부터 위협을 차단하기 위함이었다. 북부 아프리카의 급진적 이슬람교도들은 그들의 법을 스페인에 강요하려고 했는데, 많은 부분이 이미 스페인을 차지한 이슬람교도들에게는 끔찍한 내용이었다. 이러한 분열 때문에 스페인과 포르투갈에서 이루었던 이슬람교도들의 성과가 많이 잠식되었다는 사실이 증명되었다.

51. 십자군은 '하느님의 이름 아래 장기간 편협함을 보여 준 행위' 혹은 이슬람 공포증의 중세적 표현일 뿐인가?

십자군은 서방인들이 이슬람교를 참아 내기 힘들어서 시작한 사건이 아니었다.[49] 이는 투르크인들이 근동 지방의 그리스도교 원주민들을 편협하게 대했고 성지로 향하는 그리스도교 순례자들을 위협한 것에 대한 분노에서 시작되었다. 예루살렘을 지배하던 이집트인조차 그리스도교 성지에 대해 예를 갖추었으며 그리스도인이 성지를 방문하고 공경하는 것을 허락했다. 따라서 이러한 분노를 십자군 전쟁으로 표출된 이슬람 공포증이라고 보는 것은 잘못이다. 이슬람 공포증이라는 단어가 함축하는 의미는 존재하지 않는 무엇인가에 대한 공포와 비이성적인 공포, 아마도 정치적 목적을 위해 과장된 공포다. 이는 제2차 세계대전 발발 전에 나치가 선전한 유다인에 대한 공포와 비슷하다.

그러나 성지로 향하는 그리스도교 십자군은 그렇지 않았다. 이슬람이 그리스도교의 존재를 위협한다는 일반적인 공포심이 성지뿐 아니라 스페인에도 있었다. 비잔틴 세계의 그리스도교는 말할 것도 없고 비잔티움의 존망과 어쩌면 그리스도교 유럽이 느끼는 공포였다. 이들 위협은 그저 상상이 아니었고 실제로 이행되었다. 교황 우르바노 2세가 클레르몽 공의회에서 했던 호소는 선전이나 광고가 아니었다. 비록 그의 연설 가운데 그런 요소가 약간 있긴 했지만, 그건 일종의 경고였다. 우르바노는 유럽 국가들에게 내부의 분쟁을 잠시 미뤄 두고 동방에 거주하는 그리스도교 형제들을 도우러 가자고 촉구했다.

페르시아의 한 민족인 투르크인들이 형제들을 공격했고, 여러분 중 많은 이가 이미 알고 있는 것처럼 로마제국의 영토

깊숙한 곳까지, 성 그레고리오의 팔(불가리아)이라고 불리는 지중해 지역까지 진출했습니다. 그들은 점점 더 많은 그리스도인들의 땅을 습격했고, 이미 수없이 많은 전투에서 형제들을 패배시켰고, 많은 사람이 죽거나 포로가 되었고, 교회들이 파괴되었고, 하느님의 왕국이 초토화되었습니다. 만약 여러분이 그들을 내버려 둔다면 그들은 하느님을 믿는 충실한 민족들을 훨씬 더 많이 정복할 것입니다.[50]

우리가 살아가는 이 시대에서 이슬람에 대한 두려움을 하찮은 것으로 치부하는 것 또한 잘못된 경우가 많다. 정당한 이유 없이 이슬람교도를 테러주의자로 의심하는 서구인이 있기는 하지만, 사실상 서방의 그리스도교는 이슬람에게 관대하여 그들이 모스크를 세우고 공개적으로 예배를 드리고 그들이 선택한 사회의 일원이 될 수 있도록 했다. 하지만 아랍 국가에서는 그리스도교에 대한 관대함을 점점 더 찾아보기 힘들다.[51] 『뉴스위크』의 2012년 2월 6일 자 기사 「이슬람 세계 내 그리스도교에 대한 범세계적 전쟁」은 수단과 나이지리아 내 그리스도인 거주지와 교회를 향한 공격에 대해 상세하게 알려 주고 있다. 그곳에서 이슬람 극단주의 무장 단체인 보코 하람이 2011년에 최소한 그리스도인 510명을 죽였고 북부 나이지리아 열 개 주에서 350곳이 넘는 교회를 불태우거나 파괴했는데, 크리스마스에 한 성당을 공격하여 가톨릭 신자 42명을 살해했고, 2012년 1월에만 신자 54명을 죽였다.[52] 여기에는 이라크와 이집트, 레바논, 인도네시아 및 다른 이슬람 세계에서 일어나는 그리스도인들을 상대로 한 위협은 언급조차 되지 않았다. 이곳의 그리스도인들은 생존을 위해 때로는 물리적으로 싸워야만 한다. 그러한 위협은 상상이 아니라 현실이다.[53]

중세의 급진적 이슬람에 대해 십자군이 느낀 공포를 이슬람 공포증으로 치부하는 것은, 심지어 다른 이슬람교도들(이집트 아랍인과 스페인의 이슬람교도들)조차도 급진파를 두려워하는 상황에서, 서방인들이 오늘날 존재하는 심각한 위협을 하찮은 것으로 보려고 하는 것과 같다. 모든 이슬람교를 테러리스트로 규정하는 것은 분명히 잘못이지만, 급진적 이슬람에 대한 공포를 그저 막연한 이슬람 공포증으로 보는 것 또한 역사의 교훈을 잘못 받아들이는 것이다.

이단심문

52. 어떻게 이단심문과 십자군 전쟁이 연관되어 있다고 주장할 수 있는가?

십자군 운동과 이단심문이 서로 연관되어 있다는 사실은 앞서 말한 바 있다(질문 38 참조). 그 연관성이란 단지 시간상 전후로 혹은 우연히 발생한 사건, 즉 이단심문이 그저 십자군 운동 이후에 일어난 사건이 아니라는 의미다. 이단심문이 분명 군사작전 이후, 특히 알비 십자군과 국토회복운동에 이어서 일어나긴 했으나 이 사건들은 직접적으로 관련되어 있는 것 같다. 넓은 의미로 볼 때 두 사건의 목적은 동일했으니, 프랑스 혹은 스페인 내 정치적·정신적 일치를 이루기 위한 것이었다. 알비 십자군과 연이은 중세 이단심문을 통해 프랑스는 통일을 이루었다. 국토회복운동의 경우에는 스페인 이단심문에 이어서 스페인과 그 영토(특히 신세계 내)의 통일이 이루어졌다. 이는 성지 지원을 위해 조직된 여덟 번의 정식 십자군에는 적용되지 않았는데, 정복 과업의 후속 조치를 맡을 법적 기구를 만들 시간이 없었기 때문이었다. 성지의 전사들은 생존에 매달려 있었다.

그러나 이단심문은 폭력을 대체하고자 시작되었다. 법적 절차를 도입하여 더 적극적으로 다양한 이단에 대해 인식하고 해결점을 찾으려고 했고, 그 열정을 신학적 문제에 더 국한하고자 했다. 두 가지 목표를 이루는 데 항상 성공한 것은 아니었다. 정치인 혹은 성직자에 의해 — 로욜라의 이냐시오와 아빌라의 데레사가 교회의 위협적인 비난을 받았을 때처럼 — 신학적 범위를 너무 넓히는 데 사용되거나, 잔 다르크가 마녀라고 비난을 받았을 때처럼 신학적 오류와 정치적 대립 사이의 경계를 애매하게 만드는 데 사용될 수도 있었다.

이 책 후반에 그렇게 남용된 사례를 자세히 다루겠지만, 그럼에도 이단심문은 그 전에 진행된 군사작전을 대체하는 제도라고 볼 수 있다. 지금부터는 이 제도가 성공했으며 진실을 추구하려는 고귀하고 문명화된 힘이었고, 교회 권력을 쓸데없이 남용했거나 반대파의 입을 다물게 하려는 명백한 시도 혹은 그 두 가지 사이의 무엇인가가 아니었다는 점을 보여 주고자 한다.

53. 중세 이단심문과 스페인 이단심문을 비교하는 것은 상당히 야심 찬 시도인 듯하다. 두 사건 사이에는 수백 년의 간격이 있고 매우 다른 환경에서 시작되었다. 어떻게 비교할 수 있는가?

두 사건의 발생 시기는 실제로 시간적으로 거리가 멀고 이단심문 비평가들은 두 사건을 혼동하는 심각한 실수를 저지르기도 했다. 에드워드 피터스는 대단히 영리하게 두 가지를 별개의 사건으로 다루었다.[1] 최근의 저자들은 스페인 이단심문과 그 여파에 대해서만 중점을 두고 있다.[2] 그러나 어떤 저자들은 상당히 효과적으로 하나의 주제 아래 두 가지 모두를 다루고 있다.[3] 그렇게 하는 것이 여기서는 유익한 것 같다.

중세 이단심문은 12세기 말경에 시작되었고 알비파와 발도파 이단 모두를 대상으로 삼았다(질문 54-60 참조). 중세 이단심문의 형태는 지역 주교의 지시에 따르는 교구 내 법적 절차에서 교황이 지휘하는 법적 절차로 신속하게 발전되었다. 하지만 스페인 이단심문의 원래 목적은 그들의 종교의식을 비밀리에 지속했다고 기소된 유다인과 이슬람교도를 그리스도인으로 개종시키려는 것이었다. 이 이단심문은 스페인 왕족인 페르난도와 이사벨에 의해 시작되고 진행되었다. 상당 부분이 교황의 사법권 밖에서 일어났기 때문에 좀 더 '국가적' 현상으로 여겨질 수 있다. (비슷한 이단심문이 포르투갈과 베네치아, 로마, 나폴리 등 다른 지역에서 진행되었다.) 두 이단심문은 진행 방법이나 수도회(대부분 도미니코회)가 개입했다는 점에서 대단히 비슷했다. 결국 스페인 이단심문은 '가톨릭 일치'라는 점에 주의를 돌렸고 '이단'에 대한 심문 대부분에서 가톨릭적 사고방식 혹은 관행을 기준으로 잘잘못을 다루게 되었다. 하지만 이들 이단심문이 군사작전에 이어서 일어났으며 그것을 대체했다는 사실은 부인할 수 없다.

54. 군사작전을 법적 절차로 대체하겠다는 것 외에 12세기와 13세기 유럽에서 이단심문이 발생하는 데 기여한 요소는 무엇인가?

유럽은 도시와 대학의 성장, 대성당 건축, 예술과 음악, 문학의 발전 같은 새로운 움직임을 경험하는 중이었다. 이러한 움직임 대부분은 종교적인 것이었고 종교 생활의 부흥과 아리스토텔레스 철학의 재발견을 기반으로 한 신학 연구의 재유행으로 더욱 가속화되었다.

베네딕도 성인이 6세기에 창설한 베네딕도회는 909년에 클뤼니 수도원을 세우면서 놀라울 정도로 성장했다. 베네딕도회 수도원이 유럽 전역에 빠르게 늘어났다. 베네딕도 수도 규칙 또한 다양하게 변화되어 나타났다. 카르투지오회는 브루노 성인이 1084년에 창설한 것으로 고독한 생활에 중점을 두면서 동방적 혹은 이집트적 수도생활의 부흥을 시도했다. 곧이어 침묵과 금욕을 강조하는 시토회가 1098년에 창설되었는데 유명한 베르나르도 성인이 이곳 출신이다.

그가 1153년에 사망했을 당시 시토회 수도원은 343곳으로 늘어나 있었고, 1300년대에는 그 두 배 이상으로 늘어났다. 1119년에는 프랑스 남부 마을 프레몽트레에서 노르베르토 성인이 프레몽트레회를 창설했다. 수도회의 창설과 더불어 수도생활의 부흥이 이루어졌고 도미니코회와 프란치스코회는 각각 1216년과 1223년에 교황의 승인을 받았다. 이 새로운 형태의 수도생활은 행정 체제의 모든 면에 민주주의를 도입했고 이동을 허락했는데, 이는 그 당시의 이단과 확연하게 상반되는 요소였다.

이러한 새로운 움직임 속에 사방에서 새싹들이 돋아났다. 그중 일부는 완전하게 정통이었지만 일부는 '경계선상'에 있거나 '경계를 넘게' 된다. 처음에는 그 단체들을 명확히 분류할 수 없었다. 노르베르토 성인과 프란치스코 성인을 따르는 이들이 그저 이단인 발도파를 표현하는 또 다른 대안이었을까? 일부 성직자들은 그렇다고 생각하면서 이들의 종교적 에너지를 기존의 수도회에서 발휘하라고 촉구했다. 두 수도회 모두 그렇게 되지 않았다. 노르베르토는 마침내 실험적으로 수도회를 시작하도록 허가받았고, 교황 인노첸시오 3세는 교황청 내 상당수가 반대했음에도 프란치스코에게 계속하라는 허가를 내릴 만큼 지혜로웠으며 조건부로 그를 부제로 임명했다.

그러한 열정과 개혁이 환영받은 동안 교회는 그들의 지향점에 대해 감독할 필요성을 느꼈다. 그들이 교리의 정통성을 유지하고, 규칙 및 법률을 함부로 내던져서 규율이 흐트러지지 않도록 하기 위해서였다. 따라서 새로운 전개 상황을 살피고 선한 영향보다는 해악을 끼칠 만한 움직임을 점검해야 했다.

55. 어떤 종교운동이 '선함보다는 해악'을 끼칠 수 있거나 타락으로 이어질 수 있다고 보았나?

정통과 이단 사이의 경계가 때로는 불분명할 수 있고 나중에야 명확해진다는 점을 명심해야 한다. 여기에서는 '문제가 되는 움직임'을 발도파와 알비파 두 가지로 분류하는 것이 좋을 듯하다. 그 후 14세기와 15세기에 존 위클리프와 얀 후스가 주도하는 운동이 있었지만 이들은 13세기의 그룹과 달랐으며 그 내용은 종교개혁과 훨씬 관련이 깊다. 위클리프는 루터보다 거의 150년이나 앞선 인물이긴 했지만 요구하는 바는 거의 동일했다. 그리고 이단심문에서는 이들 후발 주자를 발도파와 알비파에게 했던 것만큼 강력하게 다루지 않았다. 위클리프와 후스는 이단심문이 아니라 교황과 공의회의 결정으로 사형선고를 받았다.

56. 많은 저자의 의견에 따르면, 발도파는 신학적 이유보다는 정치적 이유 때문에 더 많은 비난을 받았다고 한다. 즉, 그들이 교리보다는 교회의 정치적 조직 혹은 제도에 더 위협적이었다는 것이다. 이러한 설명은 정당한가?

발도파라는 명칭은 피에르 발도 혹은 발데스라는 이름에서 유래한 것으로, 그는 1179년경 복음주의 ― 복음에 기반을 둔 ― 설교에 완전히 헌신하기로 결심했다. 그와 지지자들은 프랑스 남부 리옹 근처에 근거지를 두었고, 공인된 교회가 성경에 기반한 정당성을 잃었으며 해이해지거나 동떨어졌으며 어리석고 ― 특히 교구 성직자들의 경우 ― 지나치게 엘리트주의이며 관료적이라고 주장했다. 그들은 당시의 그러한 상황이 평신도들에게 해로운 영향을 끼친다고 생각했다. 그들이 원하는 것은 평신도들이 종교를 좀 더 중요하게 생각하도록 하는 것이었다. 심오한 영성이 결합된 순수 그리스도교적 생활 방식이 수도회에 입회했거나 성직자로 임명된 사람들에게로 제한되어야만 하는 이유가 무엇이란 말인가? 성경의 결실이 '신자석에 앉아 있는 사람들'에게 허용되지 않는 까닭이 대체 무엇이란 말인가?

이 질문이 강렬한 인상을 주면서 상당히 많은 추종자를 양산했다. 사실상 노르베르토와 프란치스코의 수도회도 이런 움직임에서 나온 결과물이었다. 가난하게 살고, 복음 말씀을 따르고, 개인의 도덕적 개혁의 메시지를 설교하고, 위계적이고 정치적인 술수로 가득한 교회의 음모를 피하는 것이다. 헤르베르트 그룬트만은 중세 종교운동에 관한 그의 저서를 통해 발도파 같은 운동은 전혀 이단적 움직임이 아니었고 그저 교회의 권위에 대한 도전이었다고 주장했다.[4] 좀 더 최근에, 앨리스터 맥그래스는 발도파를 이단으로 지목한 것을 포함하여 "이단심문이 초기 그리스도교에서 이단의 본질을 정의하기 위한 시도에서 상당히 멀어졌으며, 따라서 그리스도교 신앙 자체가 아니라 개별 그리스도인이나 기관에 대한 위협에 중점을 두었다"라고 단정했다.[5]

 하지만 신앙과 기관을 분리하는 것은 잘못이다. 교회는 그 자체가 그리스도에 의해 세워진 독립체로서 처음부터 항상 신앙의 내용이 제도에 의해 감독되고 보장되도록 했다. 여기에는 이유가 있다. 신앙의 내용을 신자 공동체와 그들의 지도자에게서 분리하는 것은 위험한 물살을 헤치며 나아가는 것과 비슷하다. 바오로 사도는 그러한 일이 발생하지 않도록 노력하면서 일생을 걸고 선교를 했다. 발도파가 그저 성경 해석에 대한 교회의 독점에 위협을 가했을 뿐이라고 말하는 것은 충분한 설명이 되지 않는다. 시간이 흐르자, 그들의 해석은 신앙의 중요한 교리에 대한 의심으로 번졌다. 즉, 성사의 효력과 성직자 제도 — 또한 주교제 —, 신앙의 내용을 정의하고 보호하는 교회의 권위를 의심했다. 마침내 위클리프는 성경에 미사에 대한 내용이 없으며 신앙의 규율만 존재한다고 주장하면서 모든 사람이 스스로 해석해야 한다고 했는데 이는 맥그래스가 "성경 해석의 민주화"라고 표현한 것과 동일하다.[6]

12세기의 교회 성직자들은 발도파의 진행 방향을 보면서 노르베르토와 프란치스코에게 했던 것처럼 그들을 안전지대로 이끌려고 노력했으나 누구에게나 비슷한 동의를 얻어 낼 수 있는 것은 아니었다.[7]

57. '경계선을 넘은' 것으로 언급된 또 다른 단체는 알비파였다. 그들은 누구이며 그 명칭은 어디서 유래했나?

그 명칭은 카타리파 활동의 중심지인 알비라는 도시에서 유래한 것으로(질문 59 참조), 이는 마치 16세기에 재세례파가 독일 뮌스터에 모여들었고 종교개혁 초기에 개신교도들이 스트라스부르와 제네바를 중심지로 삼은 것과 비슷하다. 누군가는 이 현상을 — 경박한 비유가 아니길 바란다 — 1960년대 샌프란시스코에 모여든 히피들에 비유할 수 있을 것이다. 그곳에서는 동지를 만날 수 있으며 공통의 생각을 나누고 같이 노래를 부르며 원하는 대로 입고 안전하다고 느꼈을 것이다. 라틴어로 알비파(Albigens)는 알비의 시민이라는 뜻이다.

58. 알비파에 영향을 받은 지역은 그리 중요해 보이지 않는다. 알비파가 북부 프랑스 귀족들과 교회 모두의 주의를 끈 이유는 무엇인가?

알비파의 근거지는 툴루즈(이 지역의 중심 도시)와 알비, 카르카손, 푸아와 그 인근 지역으로, 툴루즈에서 카르카손을 잇는 지역에 알비파들이 가장 많이 모여 살았다(지도 2 참조). 남부 프랑스에서 로라, 몬트리올, 팬조를 포함한 지역의 귀족들 거의 대부분이 알비파가 되었거나 그들을 지지했다. 귀족들은 반드시 신학적 이유로 알비파에 끌린 것이 아니라 재산과 부, 특권, 권력을 차지하기 위한 싸움에서 교회와 북부 귀족들(특히 왕)에게 대항하기 위한 최적의 정치적 수단을 제공받을 수 있기 때문이었다.

이러한 불화가 비폭력적 상태로 지속되는 동안 알비파

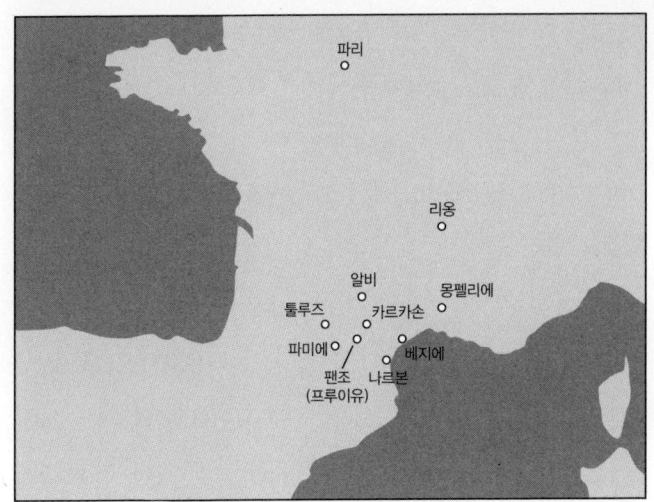

지도 2: 알비 십자군과 중세 이단심문

는 발도파보다 더 호전적이고 조직적인 방법으로 퍼져 나갔다. 툴루즈와 카르카손, 알비, 아쟁에 알비파 주교 네 명이 있었다. 알비 십자군 전쟁이 발발했을 때 신학적 오류와 정치적 적대감 사이의 구별이 뚜렷하지 않았다. 바로 이것 때문에 알비파 '문제'가 더욱 복잡해졌다. 시몽 드 몽포르가 이단을 쫓아낸다는 이유로 1217년부터 1218년까지 툴루즈를 포위 공격했을 때, 포위당했던 툴루즈의 백작은 사실 알비파가 아니라 정통 그리스도인이었다. 이는 이단심문이 시작된 한 가지 이유였다. 즉, 종교적 이유를 내세워 폭력을 휘두르는 것을 막기 위해서였다.

59. 알비파의 생각과 믿음은 무엇이었기에 그렇게 심한 반감을 유발했나?

현대의 저자들은 알비파를 카타리파와 마니교와 동일시했고 자주 그들의 명칭을 뒤섞어서 사용했다. 그들을 구별하는 것이 기술적으로 애매한 데다 이 세 이단의 유사점을 살펴보면 그런 혼돈이 생긴 이유를 알 수 있다. 가장 오래된 마니교는 적어도 3세기까지 거슬러 올라가며 세상에 존재하는 악이 무엇인지 알아내려고 시도하면서 이 세상에는 선과 악이라는 두 가지 힘이 동등하게 존재한다고 제시했다. 즉, 악의 힘은 창조하는 힘 혹은 신으로서 불완전성과 한계, 변화, 죽음을 세상에 불러들였다. 선의 힘은 완벽한 것이고 인간이 지닌 필멸의 존재성을 초월하라고 요구했다.[8]

알비파는 넓은 의미에서 이러한 사고방식이 다시 부흥한 것으로, 비잔틴 황제에 의해 발칸반도에서 쫓겨난 보구밀Bogumils 혹은 카타리파 신자들이 프랑스 남부 지역에 정착하면서 생겨난 듯했다. 따라서 알비파는 마니교와 그리스도교적 요소가 이상야릇하게 섞인 종파로서 특히 주교와 유사 전례 같은 제도적 요소를 갖추었다. 알비파의 특징은 육체에 대한 두려움이라고 말할 수 있다. 사악함을 창조하는 신 혹은 힘의 개념 때문에 피조물을 좋지 않은 것으로 의심했고 이는 도덕적·사회적·신학적으로 영향을 미쳤다. 육체적 즐거움은 필연적으로 과잉과 불만으로 이어진다고 여겼다. 춤과 음악, 미술, 스포츠는 잠재적 범죄로 전락했다. 교구 행사와 축제에는 음주와 놀이, 노래와 춤이 함께하므로 비난받았다. 독신은 하나의 규율로서가 아니라 새로운 생명이 세상으로 나오는 것을 방지하기 위한 긍정적 행위로서 장려되었다. 하느님이 인간이 되었다는 개념은 생각조차 할 수 없었고 성사는 물리적 상징에 의존한다는 이유로 거부되었다. 전례는 양초와 향, 제의, 미술, 음악이 사용되기 때문에 폄하되었다. 알비파는 그리스도교 세례를 대신하는 의식을 거행했는데, 콘솔라멘툼consolamentum이라고 불렀던 영혼의 세례로 성수를 사용하지 않았다.

60. 알비파가 인기가 있었던 이유는 무엇일까?

알비파의 인기가 어느 정도였는지는 이후의 위클리프파나 롤라드파와 마찬가지로 논쟁의 대상이 된다.⁹ 가장 잘 이루어진 연구가 제시하는 바에 따르면, 이들이 소수이긴 했지만 중요한 의미를 지녔다고 한다. 알비파의 숫자는 분명 북부의 귀족들과 교회가 걱정할 만큼은 되었다. 도미니코 성인이 1203년에 스페인에서 로마로 향하면서 알비파 지역을 지날 때 알비파의 세력과 이목을 끄는 힘, 지지자들의 헌신을 보게 되었는데, 그 정도가 남은 생을 바쳐 그 문제를 해결하겠다고 생각할 만큼 컸다(질문 64 참조).

외관상 엄격하고 단호한 종교적 운동이 지닌 매력에 대해 설명하는 것은 어려운 일이다. 한 도미니코회 사제는 "그들은 기쁜 소식을 전하는 음울한 사람들"이라고 지적했다. 그리스도교든 아니든 대부분의 주류 종교에는, 한 종교의 역사 속으로 편입되지 않는 파벌들이 있게 마련이며 그들은 좀 더 엄격한 도덕성과 경전에 대한 근본적인 이해를 요구한다. 우리는 초기 그리스도교의 몬타누스파와 도나투스파, 펠라기우스파에서 이와 비슷한 현상을 본다. 시토회처럼, 종교적 생활에 대한 개혁 운동을 통해 창시자의 규율을 좀 더 엄격하게 준수하자고 촉구할 때 볼 수 있는 모습이다. 거의 모든 수도회의 내부에서 개혁 운동이 일어났다. 즉, 프란치스코회에서는 회칙파 프란치스코회와 카푸친회가 분립되었고, 도미니코회에서는 설교자 사보나롤라가 나왔고, 아빌라의 데레사와 십자가의 성 요한에 의해 개혁된 맨발의 가르멜회가 생겨났다. 또한 개신교에서 칼뱅파와 청교도주의가, 가톨릭 평신도 세계에서는 얀선주의가 나타나게 된다.[10] 그리고 우리는 이러한 움직임을 알비파에서 본다. 이들 운동은 주류의 방종 혹은 도덕적 붕괴에 대해 대응하기 위해 지속적으로 일어난다.

중세의 종교적 활력으로 인해 여러 움직임이 생겨났다고 말하는 것이 정당할 것이다. 시토회와 카르투지오회, 노르베르토와 프란치스코가 창설한 수도회들, 발도파, 알비파가 그러하며, 이들 운동은 신자들에게 도덕적 엄격함(교리적 정확성과 반대되는 의미)을 기대했고 반드시 해야 할 일을 실행하기 위해 신자들을 복음의 시험대에 올려놓았다. 알비파가 지지자들을 끌어들일 수 있었던 이유는 논리정연한 계획을 제시했고 선과 악이 대립하는 세계관을 실질적이면서도 어떤 면에서는 인간의 단순한 반응과 결합시켰기 때문이다. 다시 말해 육신의 유혹을 피하도록 했던 것이다. 칼뱅주의가 도덕적 엄격성을 호소한 것처럼, 강력한 요구를 했기 때문에 추종자들을 끌어당겼다. 사람들은 더 나아지고 싶어 했고 알비파는 그렇게 할 수 있는 길을 제시했다. 그 도덕적 방침(결혼 포기, 달걀·육류·우유 섭취 금지)이 너무나 엄격한 나머지 이를 모두 지킨 극히 소수의 사람들만이 '완성자'가 될 수 있었다. 역사학자인 라일리스미스는 1200년에서 1209년 사이 남부 프랑스 지역에서 백 명가량의 '완성자'가 있었는데 그중 약 35퍼센트가 귀족이었다고 추정했다.[11]

61. 사회와 교회는 이들 운동에 어떤 반응을 보였나?

세 갈래의 반응이 있었다. 우리가 앞에서 본 것처럼(질문 1과 38 참조), 우선은 알비 십자군이라고 불리는 무장 십자군 전쟁으로서, 그 당시에도 성지로 떠났던 십자군들 중 하나로 여겨졌다. 둘째는 특히 설교를 포함한 교육이었다. 셋째는 법적 조치와 고발이었다. 이 세 방법을 백 년 이상 함께 시행한 결과 1330년경에는 알비파가 거의 사라졌다.

62. 알비파 제거에 무장 십자군을 활용한 이유는 무엇인가? 이는 성공적이었는가?

알비 십자군은 알비파 요새에 대한 무장 공격을 지칭하며, 이단에 대한 이단심문이라는 제도와 직접적으로 연관이 있기 때문에 이 부분부터 설명하는 것이 좋을 듯하다. 북부의 영주들은 정치적으로나 종교적으로 남부에서 발생하는 일들에 대해 분노했다. 남부 귀족들은 좀 더 독립적이 되어 영토와 특권에 대한 욕심을 적극적으로 드러냈으며, 그들이 부차적인 무기로서 움켜잡은 알비주의라는 종교 분파는 북부의 영주들을 불안하게 했다. 이러한 문제를 법적으로 다룰 수 있는 방법이 없는 것 같았다. 그리하여 폭력이 유일한 대안으로 등장했다.

이러한 '차이'를 바로잡기 위해 나온 방법은 잔인하고 무차별적이었다. 1181년에 클레르보의 수도원장 앙리는 처음으로 알비파에 대한 군사 공격을 주도했다. 그는 알비의 정통 그리스도교 주교를 감옥에 가두었던 로제 트렝카벨 2세의 고향인 라보르를 공격해 성공했다.[12] 그러나 상황을 바로잡기 위해 교황이 직접 파견한 특사인 카스텔노의 페테가 살해당한 1208년이 되어서야 교황 인노첸시오 3세가 요청한 첫 번째 군사작전이 시작되었다. 북부인들에게 물어볼 필요도 없었다. 북부의 장군인 아르놀 애메리가 베지에를 점령했고 1만 5천 명을 죽였다고 했는데 이는 약간 과장된 숫자다.[13]

아르놀의 다음 목표였던 카르카손은 무려 2만 명의 병사에게 포위되었다. 십자군은 '지명 수배자' 명단을 제시하며 그들을 넘기라고 요구했다. 한 마을에서 거부하면 눈에 띄는 사람을 모두 죽였다. 그 소식을 들은 지역 내 다른 도시들은 겁을 먹었고 재빨리 굴복했다. 팬조, 몬트리올, 미르푸아, 리무, 파미에, 카스트르, 롬버, 알비 모두 싸움 한 번 없이 항복했다. 알비파 열성 신자들은 지하에 숨어서 밤에 이동하여 비밀리에 모임을 가졌으며, 그들이 잡히지 않도록 도움을 준 사람에게 자체 규율(예를 들면, 맹세 혹은 육식 금지)을 면제시켜 주었다.

이 시점에서 시몽 드 몽포르가 군대 지휘관이 되었다. 그는 계속 잔인하게 행동했다. 그의 지휘 아래 미네르바에서 카타리파 신자 140명이 한꺼번에 화형당했고 라보르가 두 번째로 점령되었을 때 300명에서 400명이 목숨을 잃었다. 툴루즈의 백작이 되고 싶었던 시몽은 그 도시를 포위 공격했으나 그 과정에서 사망했다.

루이 8세는 남부와의 지난한 싸움에 지쳤고 십자군을 성지로 계속 보내길 원했다. 그는 1226년에 자신의 군대를 남쪽으로 보내 아비뇽 포위 공격을 성공시켰고 알비 십자군 전쟁을 효과적으로 마무리했다. 남부인들이 루이 8세에게 보낸 신뢰는 북부인에 대한 신뢰보다 훨씬 컸다. 1229년에 파리 조약이 남부 귀족들과 왕 사이에 체결되었다. 하지만 아직 수정해야 할 부분이 많이 남아 있었다. 루이 8세의 아들인 루이 9세(이후에 성 루이라고 불린다)는 파리 조약이 맺어졌을 때 불과 열다섯 살이었다. 십자군 원정을 이어 가길 원했던 그는 협력하는 남부의 귀족들에게 영지와 작위를 주겠다고 제안했다. 루이 9세는 두 번에 걸친 예루살렘 함락 시도에는 실패했으나 그 과정에서 프랑스의 남부와 북부를 통일하는 데 성공했다. 현재 우리가 알고 있는 프랑스의 모습이 이때 형성된 것이다.

63. 알비 십자군은 프랑스 남부의 이단을 제거하는 데 성공했나?

아니다. 따라서 다른 수단이 동원되었다. 교황은 시몽 드 몽포르가 택한 정치 노선을 보았고 작전 동안의 영지 보호와 전대사와 같은 알비 십자군에게 부여했던 특권을 거두어들이기 시작하면서 그들이 성지로 떠나길 바랐다.

남부 프랑스 내 십자군 모집은 여름에만 시행되는 주기적인 일이기도 했다. 병사들은 40일 동안 입대했다. 그 기간 내에 장군들은 가능한 한 효과적으로 목표 마을이나 영지를 진압해야 했으며, 이는 군사작전이 그토록 잔인해진 이유를 설명해 준다. 또한 점령한 영토를 가을과 겨울 내내 방어하기도 힘들었다. 병사들이 곡식을 수확하기 위해 고향으로 돌아가야 했기 때문이다. 좀 더 지속적인 무엇인가가 필요했다. 그 해결책이 설교와 이단심문이었다.

64. 도미니코 성인이 알비주의에서 보았던 왜곡된 인생관과 싸우는 방법으로 설교를 선택한 이유는?

도미니코는 1203년에 랑그도크를 지나갈 때 알비파 사람들의 헌신적인 생활 방식과 놀라운 청빈함, 알비주의 메시지의 간결성을 보며 평신도를 대상으로 한 설교의 힘을 목격했다. 해답은 알비파 생활양식의 모방에 있다고 생각했다. 즉, 이동성의 수용, 청빈, 복음에 대한 강조였다. 알비파는 세속적인 공관 복음서에 비해 약간 '내세적'이고 영적이라고 인식된 요한의 복음을 설교했다. 요한 복음서는 그리스도의 탄생이 아니라 '세상으로 들어온 빛'으로 시작한다. 예수는 '말씀'이었다. 그리하여 도미니코는 그리스도의 탄생으로 시작하고 물리적 혈통에 대해 말해 주는 마태오 복음을 설교했다.

도미니코는 하느님의 창조, 즉 생명과 자연의 창조가 선한 것이라고 확신했고, 이후에 "인간은 하느님의 모상으로 창조되었다"라는 생각에 매료된 성 토마스 아퀴나스가 이를 명쾌하게 설명했다. 설교는 이러한 사고를 전달하기 위한 평화적인 방법이었다. 불행히도 당시의 설교 상황은 최악이었고 특히 평신도 수준에서는 더욱 엉망진창이었다. 시토회 수도자들은 교육을 받았다는 이유로 1163년에 처음으로 교황 알렉산데르 3세에게서, 이후에는 제3차 라테라노 공의회(1179)에서 알비파가 제기한 문제들에 대한 답을 찾으라는 요청을 받았다. 그러나 그들은 도시 및 대학에서 떨어져 지내며 갑론을박이 가득한 신학적 토론을 멀리하는 생활 방식을 유지하고 싶어 했다.[14]

    무언가 다른 것이 필요했다. 도미니코는 교육도 받고 기동성도 좋은 수도회, 다시 말하면 당시의 신학적 논란에 조예가 깊고 말과 행동으로 대응할 준비를 갖춘 수도회가 필요하다고 생각했다. 초기에 그는 어떻게 해야 할지 확신이 없었다. 디에고 주교와 힘을 합쳐 설교를 시작했으나 얼마 안 가서 주교는 사망했고 도미니코 혼자 남았다. 그는 지지자들을 모아 툴루즈에 수도회를 세운 다음 승인을 받기 위해 로마로 떠났다. 그의 수도회는 1216년에 승인을 받았다. 조직을 만드는 능력은 있었지만,[15] 도미니코는 자신의 수도회가 어떤 방향으로 나아갈지에 대해서는 예상하지 못했을 것이다. 툴루즈로 돌아온 도미니코는 수도자들을 둘씩 짝지어 유럽 각지로 파견하면서 복음을 전하라고 했다. 이에 한 수도자가 망설이더니 위험을 무릅쓰고 세상으로 나아가기 전에 자금을 좀 더 달라고 요구했다는 이야기는 유명하다. 사실상 이제 막 부름을 받은 탁발 수도자들은 설교를 주요

소임으로 여기고 있긴 했지만 그 외 것들은 다른 수도회와 비슷할 것이라고 생각했기 때문에 도미니코의 명령을 듣고 놀라움을 금치 못했다.

그리하여 아시시의 프란치스코와 도미니코는 다른 방법으로 해야 할 일을 정했다. 도미니코회는 하느님의 창조가 선하다는 긍정적인 메시지를 전달하기 시작했고, 프란치스코는 자신의 삶으로 그러한 메시지를 직접 증언하기 시작했다. 프란치스코는 「형제인 태양과 자매인 달」이라는 감동적인 기도문을 썼다. 사람들은 그가 성탄 시기에 구유 모형을 만드는 풍습을 만든 사람이라고 믿고 있다.

65. 여성들은 이 이단에 관여했는가?

알비파의 '완성자' 중 대다수가 여성이었다. 라일리스미스는 열렬한 알비파 신자 중 약 69퍼센트가 여성이었으며 그들 중 많은 수가 귀족 출신이었다고 주장한다.[16] 여성은 정통 그리스도교에서보다 알비파에서 더 나은 대접을 받았고 특히 알비파는 과부와 미혼 여성을 잘 돌보았다. 또한 여성은 부제나 주교가 되지 못했지만 알비파 내에서는 좀 더 쉽게 중요한 위치에 오를 수 있었다. 도미니코는 그러한 사실을 중요하게 받아들여 1206년에 프랑스 팬조 부근 프루

이유에 수녀원을 세웠다. 남자 수도회가 인가받기 십 년 전의 일이었다. 그는 다수의 알비파 여성들을 그리스도교로 개종시켰으며, 그 여성들이 안전하게 머물 곳이 필요했다. 도움을 주고 싶어 했던 평신도가 토지를 기부했고 그곳에서 도미니코 수녀회가 탄생했다. 도미니코는 개종자들이 종교적 열정을 쏟아 내길 원했다. 대부분이 알비파에서 독신 서약을 했기 때문에 결혼을 하지 않은 여성들이었다. 또한 알비파가 무료 교육을 약속하며 꾀어냈던 가난한 여성들이 지낼 곳을 제공해 주고 싶었다.[17] 그는 그 여성들을 가톨릭의 울타리 내에 머물도록 하고 싶었다. 이 같은 수녀원은 서방 세계로 빠르게 퍼져 나갔다.

또 다른 수녀회가 아시시에 세워졌는데, 이는 프란치스코가 아시시의 클라라와 함께 만든 것이었다. 클라라는 청빈과 기도의 삶을 이어 가며 프란치스코와 특별한 관계를 유지했다.[18]

66. 하지만 도미니코회는 알비파에 대항하여 설교만 하지는 않았다. 그들은 이단심문에 관여했다. 어떻게 그런 일이 발생했는가?

알비파가 제기한 문제들을 다루기 위해, 교황은 교육받은 설교자들을 찾고 있었다. 앞에서 언급한 것처럼(질문 64 참조) 시토회가 이를 해결하기 위해 불려 갔고 알비파를 상대로 설교에 상당한 노력을 기울였으나 그들은 공동생활을 하며 엄격하게 수행하는 생활 방식을 버릴 생각이 없었으므로 다른 해결책이 필요했다. 여기에 도미니코가 해답을 제시했다. 도미니코회에는 이전의 수도회에 비해 여러 가지 이점이 있었다. 로마에 본부를 두고 있긴 했으나 여러 지역에 수도원을 두고 있으면서 각 수도원 및 지역 지도자와 긴밀히 연결되어 있었다. 그 활동 범위도 국제적이었다. 그의 수도자들은 교육을 받았고 시토회와는 달리 기동성을 갖추었다. 도미니코가 꿈꾸었던 수도회에서는 순회하는 설교자들이 이 수도원에서 저 수도원으로 이동하고 심지어 다른 지역으로도 이동할 수 있었다. 교황은 도미니코회가 자신이 원하는 일을 성취해 줄 수 있는 완벽한 조직이라고 생각했다. 그 일이란 바로 설득과 법률을 통해 이단을 뿌리 뽑는 임무였다. 교황의 정치적 권력이 로마에 집중되어 있던 시대였기에, 수도회의 행정적 중심지 역시 로마였던 도미니코회가 적격인 듯했다. 베네딕도회와 시토회, 카르투지오회의 수도원들은 전 세계에 퍼져 있었으나 너무 외진 곳에 있었고 자치적이었으며 독립적으로 기도와 노동 그리고 학업에 헌신했다. 의사소통을 하고 대답을 들을 수 있는 조직을 원했던 교황은 도미니코회에서 그러한 요소를 찾아냈다.

도미니코가 교회법 학자와 심문관들로 이루어진 수도회 창설을 생각하지 않았으므로 그의 수도자들이 이단심문에 관여하도록 요청받았다는 것은 조금 이상한 일인 듯하다. 하지만 이단심문이 단순히 이단을 사법적으로 박멸하기 위한 것이었다고 생각하는 것은 잘못이다. 도미니코회 심문관들은 유죄를 입증하고 벌을 주기 위해서가 아니라 설득하고 용서하기 위해 그 자리에 있었다. 교회 법원은 현대에서 그렇듯 고발하고 방어하는 곳이 아니라 무지한 사람들을 설득하여 오류에서 벗어나게 하는 장소였다. 심문관들은 많은 시간을 들여 고발당한 자들이 범한 오류에 대해 교육하면서 그들이 유죄 선고를 받지 않고 무죄 석방되어 ― 보호관찰과 같은 형태로 ― 그들의 생활 방식을 바로잡기를 바랐다.

67. 이단심문은 어떤 모습이었나? 어떻게 조직되었나?

반드시 기억해야 할 것은 교회 재판 대부분이 '심리 재판'이었다는 사실이다. 즉, 심문소 혹은 3인으로 구성된 심문관이 소송 사건을 심리하는데, 유언 공증과 이혼 혹은 재산권, 성직자가 관여하는 소송 등 모두 마찬가지였다. 법정에서 심리되는 소송 중 일부만이 '이단' 사건이었다.[19] 따라서 이단과 관계없는 문제를 다루는 재판과 이단을 다루는 이단심문을 구별해야 한다. 이러한 재판 방식은 13세기에 표준적으로 시행되었다.

또 하나 기억해야 할 점은 지역 주교의 주의 깊은 감독 아래 열렸던 교구 재판과 교황이 주재하던 교황 재판을 구별해야 한다는 사실이다. 민사 혹은 형사 사건으로 열리는 소송 대부분은 교구 재판의 영역인 반면, 이단 관련 소송은 교황 재판으로 들어갔다.

그러한 방법이 이단에 적용되었을 때 사절단(대부분 세 명의 심문관 혹은 판사들)이 마을에 도착하여 이단심문에 대해 '설교'했는데, 이는 이단이 해로운 이유와 사람들이 자발적으로 이단자의 행위와 행방에 대한 정보를 제공해야 하는 이유를 설명하기 위해서였다.

열네 살 이상의 모든 남성과 열두 살 이상의 모든 여성은 교회를 지원하겠다고, 즉 이단을 피하며 이단자의 체포를 돕겠다고 맹세해야 했다. 심지어 맹세 자체도 일종의 시험이었는데 알비파가 맹세를 금지시켰기 때문이다. 마을 사람들에게는 엿새에서 열흘의 시간이 주어졌다. 만약 누군가 맹세를 하지 않으면 그 사람은 잠정적으로 파문되었다. 일 년 후 그 사람의 파문은 공식화되고 처벌 선고가 내려졌다.

그때가 되면 이단자라는 의심을 강하게 받는 많은 사람이 달아났다.

68. 중세 이단심문의 방법과 조직은 스페인 이단심문과 달랐을까?

방법은 대단히 비슷했으나 두 이단심문의 목표는 앞에서 언급한 것처럼(질문 52-53 참조) 조직된 과정만큼이나 매우 달랐다. 중세 이단심문은 지역 주교들의 도움을 받아 교황이 대부분을 통제했다. 스페인 이단심문은 교황을 조금도 고려하지 않은 채 왕권에 의해 추진되었다. 교황은 심문관 임명을 감독하고 재판 결정을 들을 수 있도록 해 달라고 요구했으나 무시당했다. 스페인 이단심문이 시작되었을 때 교황은 바티칸 내 스페인 대사를 추방했고, 스페인도 비슷하게 대응하여 스페인 내 바티칸 대사를 추방했다. 이는 명백하고도 심각한 모욕 이상으로 외교 관계 단절에 해당하는 것이었다.

69. 이 두 이단심문은 언제 일어났는가?

중세의 첫 번째 이단심문은 1022년에 이루어졌다. 이는 알비파 교리를 따르던 성직자 여덟 명이 하느님의 창조를 부인했던 사건으로, 성사가 무용하며 결혼 및 성적 즐거움은 죄악이라는 사실이 암시되어 있었다. 이들 성직자 중 한 명이 왕비의 고해신부였으므로 그와 동료 성직자들에게 내려질 형벌에 대한 왕의 관심이 어느 정도였을지 상상할 수 있을 것이다. 여덟 명 모두 화형에 처해졌다. 그러나 엄격히 말하자면 이것은 이단심문이 아니었다. 재판은 시간이 흐르면서 좀 더 조직화되었고, 1234년에 공식적으로 중세 이단심문이 선언되었으며 실제로 처벌받는 사람이 더 이상 나오지 않을 때까지 약 백 년 동안 계속되었다. 십자군과 설교, 재판의 결합으로 임무가 완수되었다. 이단심문 방식은 자리를 잡게 되었고 오늘날까지도 남아 있어서 교회 법원은 기본적으로 동일한 방법을 사용하고 있다. 다시 말해서 증거(예를 들면, 결혼의 불화합성에 대한 것)가 재판관들에게 제출되고 그들은 그 증거를 검토하여 결정을 내린다.

스페인 이단심문은 1481년에 시작되었으며 1834년에 왕이 재판을 영원히 종결한다고 명령하면서 끝났다. 하지만 재판 대부분이 처음 백 년 동안 이루어졌으며, 이는 중세 이단심문과 비슷했다.

70. 심문관 법정이 이단심문 진행을 위한 가장 좋은 방법으로 여겨진 이유는 무엇인가?

공정성을 지키기 위하여 심문관 세 명이 재판 한 건을 진행한다. 심문관이 한 명이라면 분명 독재자가 될 수 있을 것이다. 심문관 세 명은 서로를 견제하고 균형을 잡는 역할을 했고 대안과 해결책을 제시했다. 동료 심문관의 행동에 대해 로마에 보고했는데, 피고인을 잔인하게 대하거나 무시했을 때 불만을 토로했다. 이는 심문관 중 한 명이 피고인에게 동정심을 표했을 경우에도 가능했다.

71. 이들 심문관의 책임은 무엇이었나?

그들은 모든 것을 했다. 피의자가 될 만한 사람에 대한 정보를 수집했고, 죄의 심각성을 살폈고, 누가 찬성 및 반대 측 증인이 될지 결정했고, 심리를 했고, 그런 다음 죄가 있다고 판단되면 판결과 선고를 했다. 이는 우리의 사법 체계 — 중세 시스템과 놀랄 만큼 비슷한 군법회의 제외 — 와 매우 다르다. 현재는 민간인 배심원단이 외부 정보원에 의해 주어진 정보를 평가하고 판결을 전달한다. 판사는 재판을 주재하고 과정이 공정한지 확인할 뿐이며 그런 다음 평결을 건네받고, 판결을 내리고, 유죄라면 형량을 선고한다. 현대의 판사들은 만약 결정이 너무 지나치다고 생각하면 형량을 줄이거나 금전적 합의를 이끌어 내지만 배심원단의 요구에

늘 귀를 기울인다. 이단심문에서는 배심원단이 없었다.

72. 소송의 중요성에 등급을 매기는 방법이 있었을까?

심문관들이 결정해야 하는 것 중 하나는 관여된 이단의 등급이었다. 다시 말해 이단 행위에 경중이 있었다. 이단자를 돕거나 숨겨 준 사람의 경우, 비록 그 행위의 본질과 정도는 재판에서 결정되었지만 이단으로 여겨졌다. 모임에 참석했거나 이단자와 이야기를 나누었거나 의식에 참여하면서 이단에 관심을 보인 사람들이 있었다. 가장 죄질이 나쁜 자는 적극적인 이단자였다. 즉, 이단을 설교하고 이단을 믿고 다른 사람들에게 가입하라고 권유한 자들이었다.

이는 이단심문이 현대법에 기여한 중요한 공헌 중 하나다. 사건은 예비 심의에서 가장 먼저 논의되고 그 정보로 재판을 할 수 있는지 없는지 결정되었다. 이것을 '일반 심의'(inquisitio generalis)라고 불렀으며 어떤 형태의 이단이 이루어졌는지, 계속 살펴볼 가치가 있는지, '재판에 회부될 만한' 사건인지 결정했다. 오늘날에는 이를 대배심이라고 부른다. 누군가가 재판에 회부될 만하고 심각한 잘못을 저질렀다고 여겨지면 '특별 심의'(inquisitio particularis)가 시작되었다.

73. 요주의 인물이 식별되고 이단에 관여한 정도가 결정되면, 그 재판은 어떻게 진행되는가?

오늘날과 마찬가지로, 심문관들은 자백이 가장 이상적이라고 생각했다. 그렇게 죄를 인정하면 시간이 절약되고 피고인의 형량은 조금 줄어들게 된다. 만약 피고인이 죄를 인정하지 않으면 심문관들은 목격자에게서 정보를 더 모으고 감옥에 정보원을 심거나 시험을 한다. 전형적인 시험 방법은 맹세를 하게 하거나 육류를 먹게 하는 것인데 이를 받아들이면 피고인은 무죄가 될 수 있다. 어떤 남자는 이렇게 간청했다. "심문관님, 제 말씀을 들어 주십시오. 저는 이단자가 아닙니다. 제게는 아내가 있고 잠자리를 함께하며 아이들이 있기 때문입니다."[20]

부분 증거와 완전 증거 두 종류의 증거만이 인정되었다. 완전 증거가 제시될 때만 유죄 선고를 할 수 있었다. 증거가 완전하다고 여겨지는 경우는 피고인이 자백을 하거나 현행범으로 잡혔거나 이단 행위를 본 목격자 두 명이 있을 때였다. 다른 모든 증거는 부분 증거로 여겨졌는데 부분 증거를 합친다고 해도 완전 증거가 될 수 없다. 하지만 만약 부분 증거가 대단히 많거나 현대에서 말하는 '정황 증거'가 축적되었을 경우 고문을 통해 자백을 끌어낼 수 있었다.

74. 고문과 이단심문은 거의 동의어로 인식되고 있다. 용의자 심문에 고문이 사용되었는가? 어느 정도로 사용되었나?

교황은 1250년에 이단자에 대한 고문을 허가했다. 다만 이단자로 강력하게 의심되지만 완전 증거가 갖추어지지 않았을 경우로 제한되었다(질문 73 참조). 하지만 고문이 교회 심문소에서나 이단자에게만 사용된 것은 아니었다. 당시에 고문은 죄인들에게 관행적으로 사용되던 방법이었다. 즉, 음식과 물을 주지 않거나 가족 방문을 금지하고 고문대에 묶어 놓거나 감옥 벽에 사슬로 매어 움직이지 못하게 했다. 스페인 사람들은 '스트라파도'strappado라는 고문 기술을 사용했다. 죄인의 등 뒤로 양손을 묶은 뒤 그 줄을 끌어올려 몸을 공중에 올렸다가 갑자기 아래도 떨어뜨리는 고문으로 어깨가 부서지고 극심한 고통을 준다.

고문의 유용성에 대해서는 그 당시에도 의문이 제기되었다. 고문받는 죄인들이 고문관들이 듣고 싶어 하는 대답을 해 줄 수도 있었다. 그리고 때때로 고문은 사람들이 하지 않은 일을 자백하도록 하는 데 사용될 수 있었다.[21]

75. 기소 내용에 등급이 매겨졌다면 선고에도 등급이 있었을까?

선고되는 형량은 기소 내용의 심각성뿐 아니라 유죄 선

고의 빈도에 상응한다. 현대의 재판 과정에서 판사는 선고 시 기소된 사람의 범죄 기록을 인용할 수 있다. 초범인 경우에는 상습범만큼 혹독한 벌을 받지 않을 것이다. 중세 이단심문도 마찬가지였다. 처벌보다 교육이나 만약 또다시 같은 행동을 한다면 중한 벌을 받을 것이라는 경고가 내려졌다. 가장 심한 형벌은 저항하는 설교자들이나 이단 행위를 직접 한 사람들, 유죄 선고를 받고 몇 년 후 다시 유죄가 인정된 사람들에게 내려졌다. 하지만 기소 내용이 적을수록 형량도 적다는 것은 분명했다.

76. 전형적인 형벌의 예를 들 수 있는가?

이단심문 법정에서 선고된 형벌의 90퍼센트는 교회법, 즉 교회와 관련된 것이었다. 형벌은 사실상 저지른 죄에 대해 고해성사를 한 다음에 주어지는 보속과 유사했다. 일정한 벌이 선고되었는데, 금식과 인근이나 다른 지역으로의 성지순례, 미사 참석 횟수 증가, 구별되는 옷차림이나 배지 착용, 현재 '사회봉사 활동'이라고 부르는 자선 행위 등이다. 성직자는 공적 업무(미사 집전, 고해성사, 설교 등)에서 배제될 수 있었다. 수도자는 자신의 수도원 내 감옥에 수감될 수 있었다. 이는 Requiescat in pace(직역하면 '평화 안에서 휴식'이다. 보통은

영어로 망자의 명복을 빌 때 사용되는 어구 Rest in peace와 같은 뜻이다)에서 나온 '인 파체'In Pace라고 알려진 형벌로, 독방에 감금되며 면회는 한 달에 한 번만 허용되었다. 가택 연금은 갈릴레이의 경우처럼 자신의 연구를 계속할 수 있었다. 1588년에 시작된 로마 이단심문에서는 사형선고조차 보통 3년 정도면 가석방된다는 의미였다.

좀 더 심각한 형벌은 특정 지역에서 일정 기간 추방과 감옥형(기간은 다양함), 화형이었다. 스페인 사람들은 중죄인을 갤리선의 노예로 보냈는데, 이것은 사형선고나 다름없었다.

77. 모든 결정이 법정에서 내려졌나? '법정 외 합의'가 있었나?

피고인 측이 형량을 낮추기 위해 법정 밖에서 협상을 시도하는 것처럼, 이단심문도 이러한 합의를 허가했으며 사람들의 관심을 받는 사건의 경우 이를 장려하기도 했다. 로마 이단심문에서는 성직자였거나 유명한 신학자가 한때 신앙을 버렸다가(개신교인이 되는 것) 다시 돌아오길 원하는 경우 관련된 수도회 구성원들을 통해 조용히 돌아오도록 협상했다. 가장 유명한 사건 중 하나가 베르나르디노 오키노 사건이었다. 그는 프란치스코회 소속이자 새로 세워진 카푸친회의 총회장이었다가 신앙을 버렸다. 로욜라의 이냐시오 성인은

그를 교회와 다시 화해시킬 목적으로 이단심문이라는 법적 과정을 거치지 않는 방법을 찾아냈다.[22]

78. 구별되는 복장과 배지 착용이라는 형벌은 무엇이었나?

구별되는 옷을 입거나 대부분의 경우에는 특정 색깔의 십자가를 달았는데, 이는 해당 인물이 어느 정도(아마도 그리 대단치 않은 정도)의 이단 행위로 벌을 받았다는 사실을 공동체에 알리는 방법이었다. 한두 해 정도 착용했고, 그러면 '선한 행동'으로 처벌이 철회되었다. 그러나 의복이나 배지 착용 기간 동안의 삶은 어려웠다. 그는 따돌림을 받아서 다른 사람들과 어울릴 수 없었으며 그런 낙인으로 인해 정상적인 사회생활을 하거나 시장에서 물건을 사고팔기가 힘들었다. 사람들은 이단심문에서 유죄가 인정된 사람과 관계를 맺고 싶어 하지 않았으므로 친구들을 잃고 그 사람의 아이들 역시 낙인이 찍혔다.

79. 순례를 가는 것이 형벌이나 힘든 일로 여겨진 이유가 무엇인가? 사람들이 순례를 가고 싶어 하지 않았을까?

재정적 여유가 있다면 순례는 기꺼이 하고 싶은 일일 것이다. 순례는 영적으로 대단히 보람 있는 일 — 그들에게 이러한 선고가 내려진 이유다 — 이었으나 집에서 멀어지는 거리만큼 시간과 경비가 많이 들고 위험하기도 했다. '범죄'의 경중에 따라 가야 할 성지의 거리가 정해졌다.

순례의 증거는 순례지에서 얻은 메달이나 유리 기념품이었으며, 집으로 돌아온 이후 형벌 혹은 보속을 완수했다는 증거로 교구 성직자에게 보여 주었다. 스페인 북부의 산티아고 데 콤포스텔라 순례 길은 그 상징으로 조개껍데기로 된 메달이 유명했고 지금도 마찬가지다. 동방박사 세 사람의 시신이 안치된 것으로 알려진 쾰른 대성당의 메달에는 성모 마리아와 함께 동방박사의 모습이 담겨 있다. 순례자가 그것을 몸에 지니고 다녔던 이유는 순례 중이라거나 그 성지를 방문했다는 증거이면서 힘든 일을 성취했다는 자부심을 느끼기 위해서였고, 여정 동안 자신을 보호하기 위해서였다. 순례자를 공격하는 것은 여행자에게 강도질을 하는 것보다 훨씬 더 큰 죄로 여겨졌다.

80. 중세 이단심문 기간에 형벌을 선고받은 사람은 얼마나 될까? 또한 처형된 사람들의 숫자는?

정확히 말하기 힘들며 현재 이를 주제로 많은 연구가 이루어지고 있다. 놀랄 만큼 완벽한 통계자료가 몇 가지 남아 있는데, 잔다르크 재판처럼(질문 83 참조) 기소 횟수, 유죄 선고, 형벌에 대한 방대한 자료가 있다.

1245년과 이후 몇 년 동안 심문관들은 이단 사건으로 유명해진 작은 도시 르마생트푸엘에서 420건의 증언을 들었으나 그때까지 305년 동안 카타리파 세례를 받은 사람으로 판명된 사람은 7명뿐이었다. 심지어 이단으로 유명했던 더 큰 도시인 팬조에서도 겨우 26명의 이름만 알아냈다. 약 십만 명이 거주하던 도시 베지에에서는 1209년에 주교가 일정 정도의 이단을 저지른 사람들의 명단을 작성했는데 그 숫자는 불과 220명이었다.[23] 에드워드 피터스는 "마르부르크의 콘라트처럼 분노에 가득 차고 잔혹했던 초기의 인물들은 사라졌다"라고 주장한다.[24] 이단심문을 통해 알비 십자군의 방화와 폭력이 근본적으로 종결되었다고 볼 수 있다.

그 시대 가장 활동적인 심문관이라고 볼 수 있는 도미니코의 베르나르도 기(1308년부터 1323년까지 심문관으로 활동했다)가 찾아낸 유죄 확정자 930명 가운데 불과 42명만이 '속권의 개입'으로 처형되었다.

81. 중세 이단심문 기록은 어느 정도 규모이며 얼마나 믿을 수 있나?

교회가 고의로 폐기한 것이 아니지만 많은 기록이 사라

졌다. 무엇보다 교회는 기록 보관을 원했다. 하지만 기록은 시간이 지나면서 여러 가지 이유로 사라졌다. 예를 들면, 여행 중인 심문관이 공격을 당하기도 했고 — 개인에 대한 공격이라기보다 그들이 가지고 있던 기록이나 명단이 목적이었다 — 기록 보관소에 화재나 홍수가 발생하기도 했으며, 프랑스혁명이나 교회와 관련된 것을 모조리 파괴했던 스페인의 세속화 같은 사건의 참화도 있었다.

82. 중세 이단심문과 관련되기도 했던 마녀 화형은 흔히 있는 일이었나?

마법은 미신과 주술(죽은 자와의 의사소통), 흑마술, 주문 걸기 같은 여러 가지 행위를 포괄하는 용어다. 사실상 로마 이단심문소에 마법 때문에 기소된 대다수가 남자(60퍼센트)였다. 마술, 특히 그들이 흑마술이라 불렀던 행위에 대한 인기는 14세기와 15세기에 급상승했으며 로마 법률의 적용 대상이 되었다. 1484년에 교황은 마녀 퇴치 칙서인 「지고한 것을 추구하는 이들에게」Summis Desiderantes affectibus를 발표하면서 이단심문에서 마법으로 기소된 사람들을 조사하라고 지시했다. 이를 계기로 1487년에 도미니코회 수도자가 유명한 해설서인 「마녀 망치」Malleus Maleficarum를 내놓았다. F. 메르츠바허에 따르면 마녀 재판은 16세기 전반에 절정에 이르렀다고 한다.[25] 그러나 그즈음 개신교도들이 그들만의 마녀 재판을 진행하면서 소송이 혼탁해졌다. 가장 악명 높은 것은 17세기 말 매사추세츠 만 식민지의 작은 마을 세일럼에서 일어난 마녀 재판으로, 남자 일곱 명을 포함한 '마녀' 스무 명이 어느 여름날 화형당했다.

21세기를 살아가는 우리는 이러한 상황을 이해하기 힘들 수 있다. 하지만 정말 그런가? 우리는 '착한 마녀'에 대한 이야기를 듣고 또한 헐리우드 영화에서 보여 주는 흑마술과 주술의 세계를 접하면서 즐거워한다. 인기 높은 텔레비전 드라마 시리즈인「뱀파이어 해결사」나 '해리 포터 시리즈'의 책과 영화가 그 예다. 심지어 사랑스러운「오즈의 마법사」에도 착한 마녀와 나쁜 마녀가 나오는데, 다섯 살짜리 꼬마에게는 나쁜 마녀가 상당히 공포스러운 존재다. 우리는 이런 것을 보며 재미있어 하고 현실도피를 할지 모르지만 중세 후반기에는 심각하게 받아들여졌고 따라서 좀 더 심각하게 다루고 해결해야 했다. 도미니코회 사제였다가 탈회한 조르다노 브루노는 1600년에 세계 평화가 유지된 비밀이 왕과 통치자들이 마법사를 조언자로 두고 도움을 받았기 때문이라고 믿었다. 그는 자신의 주장의 근거로 자신과 갈릴레이 모두를 곤경에 처하게 한 코페르니쿠스를 인용했다(질문 101 참조).

어쨌든 정확한 숫자를 알기는 힘들다. 우리가 알고 있는 것은 스페인 이단심문 기간 중 17세기에 톨레도 법정이 151건의 마녀 재판을 다루었다는 사실이다. 평균으로 보면 연간 1.5건이었고, 이는 사실 '마녀 사냥'이라고 보기는 어렵다. 그리고 이들 사건 중 일부는 경범죄였다. 다시 한 번 밝히지만 처형당한 사람들은 여러 번 죄를 지은 사람이지 주술로 장난 한 번 친 사람이 아니었다.

83. 잔다르크는 이단심문에 회부된 사람 가운데 가장 유명한 인물 중 한 명이다. 그녀는 왜 이단으로 기소되었나?

잔다르크는 백년전쟁 동안 프랑스 군대를 이끌고 영국에 대항했던 인물이다. 그녀의 공로로 프랑스 왕 샤를 7세는 랭스 대성당에서 대관식을 올렸다. 모든 것이 그녀가 바라던 바였다. 그런데 잔다르크는 1430년에 콩피에뉴 근처에서 체포되었고 부르고뉴의 공작은 그녀를 영국에 팔아넘겼다. 그녀는 보베의 주교에 의해 루앙에서 이단, 즉 마녀로 기소되었는데 죄목은 그녀가 남장(군복)을 하고 계시를 들었다는 것이다. 잔다르크가 감옥에서 다시 남자 옷을 입자 이는 죄를 다시 범했다는 증거가 되었다. 1431년 5월 31일에 잔다르크는 루앙에서 화형당했다. 그녀 나이 열아홉 살이었다. 현장에 있었으나 재판에 관여하지 않았던 도미니코회 심문관들은 잔다르크가 받은 처우에 대해 부당함을 토로했고 교황 칼리스토 3세는 재심에 회부하여 사건을 재조사했다. 그녀는 1456년에 무죄로 판명되었으며 1920년에 시성되었다.[26]

84. 피고인이 했던 전형적인 항변은 무엇이었나?

항변 내용은 피고인의 열의에 따라 달랐다. 어떤 이들은 자백을 하고 어떤 이들은 재판에 저항했다. 잔다르크는 심문관에게 그가 전에도 같은 질문을 했다고 말하거나 이전에도 서약을 했으므로 다시 서약하지 않을 것이라고 여러 번 말했다. 어떤 사람들은 자백을 하고 법정의 자비에 매달리며 좀 더 가벼운 선고가 내려지기를 희망했다. 많은 사람이 몰랐다고 항변했다. 가장 흔한 항변은 이런 것들이었다.

"저는 무슨 일이 벌어지는지 몰랐습니다."

"그 사람들이 이단자인 줄 몰랐습니다."

"카타리파의 식사 자리에 갔습니다. 그들을 참 좋아해서 그들의 말에 귀 기울였습니다. 그러나 그들이 하는 말을 들고 몸이 아프다고 일찍 자리를 떴습니다."

"의식에 참여했지만, 그런 다음 저와 처남은 다시 미사에 참석했습니다."

"저의 형제가 이단자가 되었을 때 무슨 일이 벌어졌는지 몰랐습니다. 문 앞에서 망을 보고 있거든요."

"아버지가 이단자가 되었을 때 무슨 일이 벌어졌는지 몰랐습니다. 저는 그때 귀머거리였으니까요."

"그 의식에 참가만 했습니다. 그 도시의 관리가 그곳에 있어서 가는 것이 좋을 것이라고 생각했거든요."[27]

85. 선고는 어떻게 집행되었나? 공개적인 의식이 있었나?

조사가 완료되면(조사 기간은 보통 2주일을 넘지 않았다), 심문관은 마을 사람들과 관리, 성직자, 귀족이 참석한 가운데 엄숙한 의식을 거행하면서 선고문을 발표했다. 이 의식은 스페인에서 아우토다페auto-da-fé, 즉 신앙의 판정으로 알려졌다. 고위 심문관이 짧게 설교한 다음 반항하는 자나 '상습범'에 대해 판결을 내렸는데, 가장 심각한 죄로 시작해서 좀 덜 심각한 죄를 저지른 사람 순으로 진행되었다. (스페인에서는 이와는 반대로 진행되었다.) 중죄인은 '세속 재판으로 넘겨진 후' 사형이 집행되었다. 때때로 죽은 사람의 시신을 발굴

해 유골을 불태우기도 했다. 재판 전에 도망친 사람은 공식적으로 파문되었다. 그런 다음 그 이전의 법정에서 '가석방'된 사람들은 형벌에서 풀려날 수 있었다.

86. 이단심문 제도가 남용된 사례가 있었나?

물론 남용되었다. 사실상 21세기의 사법제도를 포함한 그동안의 모든 사법제도가 문제점을 안고 있다. 이런 다양한 '문제들'을 문제점과 남용이라는 두 가지 범주로 분류하는 것이 좋을 것 같다.

먼저 문제점에 대해 살펴보자.

1. 수도회는 이단심문에 참여한 소속 수도자들을 우려했다. 그들은 분리된 계급처럼 되어 버렸고 스스로를 지역 상급자보다 우월하다고 생각할 수 있었다. 그들의 방문이 공동생활에 지장을 줄 수 있었다.

2. 주교들이 이단심문이 열리는 것을 늘 환영한 것은 아니었다. 무엇보다도 주교는 뒤로 물러나 있어야 했고 심문 절차로 인해 언짢을 수도 있는 사람들과 함께 살아야 했기 때문이다. 더 나아가 주교는 수도회가 교구의 일에 간섭하는 데 화가 날 수도 있었다. 사실 주교와 수도회의 관계는 역사적으로 볼 때 그리 안정된 것은 아니었으며 이는 수도자

들이 그들이 속한 교구 성직자들보다 더 독립적이었기 때문이다. 예를 들면, 1279년에 파도바의 주교가 수도자들의 방문에 협조하지 않았다는 이유로 교황 니콜라오 3세에게 질책을 당하기도 했다.

3. 이단심문에 관여한 수도회들 사이에 경쟁의식이 있었다. 특히 도미니코회와 프란치스코회가 그러했다. 한쪽 수도회 소속 수도자들이 이단심문을 이용하여 다른 쪽 수도자들을 제거하기도 했다. 1266년에 마르세유의 도미니코회 수도자들이 프란치스코회 수도자들을 상대로 거짓 증언을 했다. 마침내 프란치스코회 출신의 교황 식스토 4세(1471~1484 재위)는 수도자가 다른 수도회 수도자를 시험하기 위해 이단심문을 이용할 수 없도록 법령을 제정했다.[28]

4. 때때로 사람들이 적대적이 될 수 있었다. 몇몇 심문관이 살해당했는데, 가장 악명 높은 암살 사건은 도미니코회 수도자인 베로나의 베드로(순교자 베드로)가 코모에서 밀라노로 가는 길에 일어났다. 1242년에 이단심문이 한창이던 때 프랑스 남부에서 발생한 여러 번의 공격으로 11명이 사망했다. (이는 역효과를 낳았다. 암살범들은 그들의 요새인 몽세귀르까지 추적당해 처형되었다. 따라서 카타리파는 자신들의 근거지와 체계, 가장 열정적인 지도자들을 잃게 되었다.)

심문관들을 공격한 이유는 보복이라기보다 그들이 가진 기록을 손에 넣기 위함이었다.

둘째, 남용에 대해 살펴보자.

1. 지나치게 열정적이고 '소속이 없는' 심문관들이 주어진 권한의 선을 넘기도 했다. 마르부르크의 콘라트는 잔인하기로 악명이 높았으며 결국 대중들의 손에 목숨을 잃었다. 카타리파였다가 도미니코회 수도자로 개종했던 로베르 부그르는 1239년에 몽에메에서 주교를 포함한 이단자 180명에게 사형선고를 내렸다. 수도회는 그의 심문관 직책을 정지시켰고 종신형을 선고했다.

2. 정치인들이 종교 극단주의자들보다는 정치적 반대자를 대상으로 이단심문을 이용할 수 있었는데 주로 재산을 목적으로 일어난 일이었다. 사형선고는 재산 몰수를 의미하기 때문에 사실상 솔깃한 목표였다. 몰수된 재산은 주로 분배된다는 사실을 주목해야 한다.

3. 때때로 이미 사망한 사람을 기소하고 이단 선고를 내렸는데, 또다시 말하지만 그 목적은 주로 재산이었다. 피렌체의 제라르도는 사망한 지 60년 후에 재판을 받았다. 얼핏 보기에는 이것이 보복이며 잔혹하고 야만적이라고 생각할 수 있다. 하지만 우리는 좀 더 개명한 21세기 초 미국의 몇몇

주에서 공소시효를 없앴기 때문에 이미 오래전에 사망하여 스스로 변호할 능력이 없는 성직자들이 성추행으로 기소되고 고발될 수 있다는 것을 기억해야 한다. 캘리포니아 주는 공소시효를 일 년 동안 완전히 없앴고 1770년에 주니페로 세라가 저지른 것으로 추정되는 일부 범죄에 대해 프란치스코회를 고발할 수 있다. 이단심문의 남용은 우리가 그들에게 그랬을 법한 것과 크게 다르지 않았다.

4. 개인적 원한으로 거짓 기소를 하는 경우가 있었다.

87. 문제와 남용 발생을 방지할 수 있는 안전장치가 있었나?

안전장치는 분명히 존재했지만 항상 효과를 발휘한 것은 아니었다. 하지만 심문관들이 서로에게 답변을 할 수 있는 한 그 소송 제도는 안전했다. 심문관들이 이단 용의자에게 사용했던 것과 동일한 규율이 심문관들 자신에게 적용되었던 점이 흥미롭다. 심문관들이 불공정하게 처우했다는 혐의 역시 익명으로 제보될 수 있었다. 베르나르도 기는 상당히 꼼꼼하게 일을 처리하여 이단 재판이 공정하게 이루어질 수 있도록 했다. 심문관에게 주어진 지침서에는 다음과 같은 내용이 포함되었다.

성실하게 진실을 찾아라.

분노하거나 나태하지 마라.

선고를 늦추거나 형량을 낮추어 달라는 청원에 언제나 문을 열어 두어라.

자비롭고, 정직하고, 변함없이 행동하고,

잔인하게 굴지 마라.

절대 문제를 일으키지 말고 다른 사람이 문제를 일으켰을 때 물러서지 마라.

그럴 것 같다는 추정을 믿지 마라.

그렇지 않을 것 같다는 추정을 믿지 마라.[29]

이 지침을 워싱턴에 있는 스미스소니언 협회에서 강연할 때 들려주었더니 발표가 끝난 뒤 에프비아이FBI 요원 한 명이 다가오더니 그 내용이 에프비아이 요원들에게 요구되는 것과 놀라울 만큼 비슷하다고 말하는 것이 아닌가!

내부적 검열에 덧붙여 교황도 불만 사항을 감독했고 남용을 바로잡기 위해 지시를 내렸다.

88. 중세 이단심문에 대해 요약할 수 있는가?

중세 이단심문은 대부분 남부 프랑스와 북부 이탈리아

에 한정되었다. 스칸디나비아반도의 나라들은 모두 제외되었다. 영국에서는 잔다르크 재판(이 재판이 일어났던 장소는 영국이었고 현재는 프랑스령이다)이 눈에 띄는 예외일 뿐 이단 관련 재판은 거의 없었다. 프랑스와 스페인 대부분 지역에서는 이단심문이 거의 진행되지 않았으며 스페인은 1400년대 후반이 되어서야 이단심문이 시작되었다.

이단심문은 1330년에 눈에 띄게 줄어들기 시작했는데 주로 용의자를 더 이상 찾지 못했기 때문이었고, 한 저자는 장난스럽게 '마침내 불쏘시개가 바닥났기' 때문이라고 말하기도 했다.[30] 13세기에는 알비 십자군에 뒤이은 수도회의 설교와 교황의 법령 등 여러 요소가 이단 제거를 위해 함께 활용되었다.

죄인에 대한 처우에 관한 한, 중세 이단심문은 상당히 진보된 형태를 갖추고 있었고 많은 부분이 현대의 재판 과정에도 남아 있다. 여기에는 공판 심리와 범죄 및 형량 등급제, 판사에게 주어지는 조사 및 형량 관련 지침서(현재 양형 기준이라 부름), 공정성과 불공정 행위(재판상의 착오)에 대한 안전장치 관련하여 심문관들이 받는 경고, 피고인들이 스스로를 변호하고 오심에 대해 교황에게 항소하기 위한 조항이 포함된다.

89. 중세 이단심문을 통해 사법 절차의 진보가 이루어졌다고 인정하는 반면, 현대 비평가들이 지금도 이단심문을 부정적으로 평가하는 이유와 1994년에 교황 요한 바오로 2세가 이에 대해 사과한 이유는 무엇인가?

이단심문(중세 이단심문과 스페인 이단심문 모두)이 비난받는 데에는 세 가지 이유가 있다.

1. 사람들의 믿음이나 생각을 고발하는 것은 위험한 행위다. 하지만 중세에는 이성을 거스른 죄가 육신의 죄보다 더 심각한 것으로 여겨졌다. 단테는 가장 심각한 죄인으로 사기꾼과 거짓말쟁이, 이단자 혹은 배신자를 꼽았는데 모두 격한 감정에서 나온 행위라기보다 이성적 생각에서 나온 행위로 여겼다. 그들은 지옥에서도 가장 깊은 곳으로 떨어진다. 그러나 현대적 관점으로 볼 때, 사람의 생각이 형벌의 대상이 될 수 있다는 것을 인정하기 힘들다. 튜더 왕가의 메리 1세 여왕(피의 메리)은 이단을 이유로 282명을 처형하는 바람에 평판이 나빠졌다. 뒤를 이은 여왕이자 그 사건에서 교훈을 얻은 엘리자베스 1세 여왕은 282명보다 훨씬 더 많은 사람을 처형했다. 그러나 사람들이 좀 더 잘 수용할 만한 반역죄라는 죄명을 붙였다. 교황 요한 바오로 2세는 이단심문에 대해 사과하면서 제2차 바티칸 공의회에서 나온 명제를 인

용했다. "진리는 부드러우면서도 힘차게 정신을 침투하는 진리 그 자체의 힘으로써가 아니면 결코 인간에게 의무를 지우지 않습니다."[31]

    2. 중세 시대에서 종교는 현대에서보다 더 중요하게 받아들여졌고 사회를 형성하는 조직의 일부였다. 공휴일과 기념일은 교회의 축일을 중심으로 정해졌다. 그러한 전후 사정을 이해하고 교회에 대한 위협이 사회 근간에 대한 위협임을 깨닫는 것이 대단히 중요하다. 그리고 알비파는 분명 그런 위협 중 하나였다.

    3. 중세의 민사 재판과 교회 재판 모두에서 심문할 때 고문이 사용되었다. 하지만 이는 우리에게 혐오감을 준다.

90. 중세 이단심문이 전개되고 거의 끝나 가는 시기에 스페인 이단심문이 갑자기 시작되었다. 스페인 이단심문이 시작된 이유는 무엇인가?

    스페인 이단심문의 목적은 스페인의 통일이었다. 몇 세기 동안 국토회복운동으로 알려진 군사작전을 통해 지속적으로 이슬람 통치자들을 남쪽으로 밀어냈으며 마침내 마지막이자 강력한 요새인 그라나다에 그들을 고립시켰다. 그 당시 그리스도교도의 스페인은 아라곤과 카스티야라는 두 왕국으로 이루어져 있었는데, 아라곤 왕국의 계승자 페르난도와 카스티야의 여왕 이사벨이 1469년에 결혼했고 페르난도가 1479년 왕위에 오르면서 두 왕국은 실질적으로 통일되었다. 그라나다가 1492년에 그리스도인들에게 함락되었을 때 통일이 완성되었다.

과연 통일이 되었다고 할 수 있을까? 스페인 내에는 두 개의 비그리스도인 그룹이 있었으니 바로 유다인과 이슬람교도였다. 그들을 그리스도교에 순응시키는 것이 스페인 통일에 최고 핵심 문제로 여겨졌다. 1492년 1월 2일, 그라나다의 마지막 이슬람교도들이 페르난도와 이사벨의 연합군에 항복했다. 유다인과 이슬람교도가 스페인에서 계속 살고 싶다면 그리스도교로 개종해야 했고, 그렇지 않으면 넉 달 안에 그 나라를 떠나야 했는데 그 결정을 3월 31일까지 내려야 했다. 유다인 가운데 3분의 1이 스페인을 떠났다. 대부분은 동유럽으로 이주했으며 헨리 케이먼은 그 숫자를 8만 명 정도로 추정했다.[32] 나머지 3분의 2는 개종한 유다인, 즉 콘베르소converso라고 불렸다. (개종한 이슬람교도는 모리스코스moriscos라고 불렸다.) 콘베르소의 일부인 유다주의자들(Judaizers)[33]에게 의혹의 시선이 향하기도 했는데 이들은 비밀리에 유다인들의 의식을 거행한다고 의심받았다.

유다주의자를 향한 의심은 이베리아반도를 다시 침략할 계획을 세우고 있었던 아프리카의 이슬람교도에 관한 여러 작전과 관련된 것이었다. 그 계획에 연루된 콘베르소는 극히 일부였지만 공황 상태에 빠진 사람들은 콘베르소 집단 전체를 의심했다.

이와 더불어 특히 가난한 계층을 중심으로 유다인 전반에 대한 오래된 편견이 따라붙었으며 이런 상황은 15세기 유럽 전역에 급속하게 확산되었다. 유다인을 겨냥한 폭동이 1412년부터 1414년까지 스페인에서 일어났는데, 사실상 반유다인 정서는 스페인에만 국한된 것이 아니며 내력도 길었다. 유다인은 1290년에 영국에서 추방되었고, 1306년에 프랑스에서, 1421년에 빈과 린츠에서, 1424년에 쾰른에서, 1442년에 바이에른에서, 1485년에 페루자에서, 1494년에 토스카나에서 추방되었다.

스페인 왕권은 유다인들을 보호하려고 노력했다. 교회와 교황 니콜라오 2세도 인종을 근거로 정치에서 그리스도교 유다인을 배제하는 것을 맹렬히 비난했고, 톨레도의 대주교는 조합(길드)이 인종에 따라 조직되는 것을 금지했다.

하지만 이러한 조치에도 불구하고 세비야의 도미니코회 부원장인 알론소 데 오헤다는 이사벨 여왕에게 이단심문

〈지도 3: 스페인 이단심문〉

을 실시하도록 압력을 가했으며 여왕은 1481년에 이를 시작했다. 이단심문은 다른 도시로 빠르게 퍼져 나갔다. 단죄받은 이를 처형한 첫 번째 아우토다페가 그해에 시행되었고 여섯 명이 화형당했다. 오헤다가 설교를 했다.

91. 스페인 이단심문 초반에는 얼마나 폭력적이었나?

스페인 이단심문 초반에 폭력이 가장 심했으나 현대 학자들은 주의를 촉구한다. 헬렌 롤링스는 이렇게 지적했다.

[통계를 보면] 1480년대의 대참사는 오래가지 않았다. 그 역사의 기간 동안 평균 처형률은 2퍼센트 미만이었다. 즉, 연간 다섯 명 정도였다. 고문과 사형선고는 드물게 적용되었으며 거의 대부분 이단심문 초반에 이루어졌다.[34]

이후에, 현대 유다인 역사학자들이 알아낸 바에 따르면 스페인 이단심문에서 백 명이 사형선고를 받았을 경우 한두 명만 처형되었고 나머지는 인형이 교수형에 처해졌다.[35]

콘베르소가 유다주의자로 전환되는 비율에 대해 유다인 역사학자들 간에 이견이 있다. 베냐민 네타냐후는 『이단심문의 기원』에서 왕권 편에 선 반유다주의 운동으로 이단심문이 확립되었다고 규정했다. 왕권은 하층민에 대한 편견을 이용해 이득을 취하고자 했고 심지어 독실한 그리스도인이 된 개종한 유다인마저 제거하고 싶어 했던 것이다. 그러나 하임 베이나르트(『시우다드레알에서 일어난 스페인 이단심문 기록 1483~1485』)와 이츠하크 베어(『그리스도교 스페인 내의 유다인 역사』)는 이단심문을 본질적으로 반유다주의적 현상이 아닌 사회학적 현상으로 보았다.[36] 베이나르트와 베어는 콘베르소를 유다주의자로 의심한 심문관들이 옳았다는 데 동의한다.[37]

92. 스페인 이단심문이 개종한 유다인 혹은 이슬람교도가 아닌 사람들을 목표로 했나?

스페인 사람들이 가톨릭을 따르게 하는 것 외에, 왕권은 이단심문을 이용해 가톨릭 개혁을 원했다. 1540년 이후 스페인 이단심문에 소송당한 자들 가운데 60퍼센트가 '오래된 신자' 즉, 태어날 때부터 가톨릭 신자였다. 그들은 경범죄로 기소될 수 있었고 여기에는 이단적 문제(신앙에 반하거나 혹은 좋지 않은 신학의 표출)부터 미신, 신성모독 혹은 성범죄(중혼, 동성애, 불경 혹은 고해소에서의 유혹) 등 다양한 죄가 포함되었다.

오늘날 가톨릭교회에서 성인으로 추앙받는 이들조차 이단심문의 '희생자'가 되었다. 예수회 창시자인 로욜라의 이냐시오는 네 번이나 투옥되었다. 그 이유는 의심스러운 글(『영신수련』의 일부)과 '알룸브라도'alumbrado('깨친 자', 완곡하게 '카리스마적'이라는 의미가 될 수 있으며, 평신도로서 설교하고 영적으로 다른 사람들을 이끌도록 부름받았다고 느끼는 것 혹은 개신교도라는 의미)가 되어야 한다는 것이었다. 아빌라의 데레사는 직권남용으로 고발되었고 그녀가 저술한 책 중 한 권은 금서 목록에 올라갔다.

93. 개신교도들이 스페인 이단심문에서 표적이 된 적이 있었나?

스페인 왕들은 또한 신성로마제국의 황제였기 때문에

그들은 주로 독일(신성로마제국)에서 마르틴 루터가 제기한 문제에 초점을 맞추었다. 루터는 1517년에 95개조의 반박문을 제시하며 교황에 공개적으로 반항했고 1521년에 파문되었다. 1520년 이후 루터파 사람들이 콘베르소와 모리스코스와 함께 중대한 이단(경미한 이단과 반대되는 의미)과 관련한 이단심문 명단에 올라가는 것을 볼 수 있었다.

왕은 독일의 상황이 스페인에서 재현되는 것을 원치 않았다. 즉, 독일에서는 왕자들이 루터파와 그 반대파로 갈라져 대결하다가 결국 삼십년전쟁으로 이어졌고 교파에 따라 영원히 분열되었다. 하지만 루터파(이는 칼뱅파를 포함한 개신교들을 지칭하는 포괄적 용어였다)로 고발된 사람들 대부분은 외국인이었다. 종교개혁은 스페인 사람들에게 깊이 파고들지 못했으며 종교개혁에 관심 있는 스페인 사람들은 대부분 나라를 떠났다.[38]

94. 따라서 스페인 이단심문의 희생자 수는 총 몇 명인가?

처음 두어 해 동안은 상황이 훨씬 나빴다. 지역 심문소들은 허술하게 조직되었고 제대로 기록을 보관하지 않았기에 좀 더 폭력적이었을 것이다. 만약 케이먼의 추정이 맞다면(질문 90 참조), 유다인 중 스페인을 떠난 3분의 1이 희생자 숫자에 포함될 수 있는 반면, 5만 명에서 6만 명에 이르는 유다인은 콘베르소로서 남게 된다. 하지만 이들 모두가 희생자는 아니었다. 케이먼의 결론에 따르면, 만약 이들 모두가 이단심문에 의해 처형되었다고 해도 — 그리고 분명 처형된 게 아니었다 — 그래도 그 통계 숫자는 상당히 더 줄어들어야 한다. 스페인 이단심문에서 약 40만 명이 희생되었다고 알려졌지만 이는 너무나 과장된 숫자다.

최대한으로 계산해서 1530년까지 약 2천 명이 화형에 처해졌고 1만 5천 명이 조정을 거쳐 사형을 면했다. 1540년 이후 유다인 개종자들에 대한 의심이 줄어들었다.[39] 1540년부터 1700년 사이에 이단심문의 모든 관할권 내에서 총 826명이 처형되었다. 이는 기소된 사람들 가운에 1.8퍼센트에 해당했다. 다시 말해서 1540년 이후 이단심문에서 처형된 사람들은 극소수였다. 발렌시아 지역에서 처음 50년 동안 처형된 사람들의 숫자는 그다음 150년 동안 20개의 관할권을 모두 합쳐서 나온 숫자 정도 되었다. 역설적이지만, 이단심문이 좀 더 제대로 조직을 갖추게 되면서 희생자의 숫자가 엄청나게 줄어들었다. 결과적으로 볼 때 처형된 사람 수는 2천 명에서 5천 명 사이였다.

95. 스페인 이단심문소는 제대로 조직되었을까?

앞서 언급한 바와 같이, 초반에는 그리 제대로 조직되지 못했다. 시간이 흐르자 이 심문소는 가장 잘 조직된 — 가장 효과적인 것은 아니었지만 — 정부 조직 중 하나로 기록될 수 있었다.

이 조직은 세 단계로 구성되었다. 최상위에는 대법원이 자리했는데 '최고 및 일반 이단심문소'(La Suprema)라고 불렸다. 여기에서는 심문관 여덟 명과 심문소장이 사건을 다루었다. 그 아래에는 권한을 위임받은 스물한 곳의 심문소 혹은 법정에서 스페인과 신세계의 주요 도시에 해당하는 지역 사건을 심리했다. 그 아래에 변호사와 신학자, 비서 같은 관리들이 있었다. 이 조직이 기능을 발휘하기 시작한 이후 스페인 사람들이 꼼꼼하게 작성한 기록을 보면, 이단심문의 범위(예를 들면, 피고인 숫자와 종류 및 형벌)뿐 아니라 이단심문의 영역을 넘어 사회적 역사에 대해서도 알 수 있다. 이 기록들에는 피고인의 간략한 신상 자료와 가계(조상 중에 유대인이 있는지 조사했다. 피고인 대부분은 조부모 및 조상에 대해 제대로 기억하지 못했다) 및 피고인이 체포된 당시 사회적 상황이 포함되었다. 피고인이 글을 읽을 수 있었거나 교육을 받았을까?

우리는 심문관들이 기록을 제대로 작성했다는 사실을

기억해야 한다. 그들은 옳은 일을 하고 있다고 생각했기 때문에 어느 것도 숨기려고 하지 않았다. 제대로 기록하면 시간을 절약할 수 있고 심문관들은 불공정하다는 비난에서 스스로를 보호할 수 있었다.

아직 현존하는 기록은 엄청나게 많다. 한 저술가는, "수프레마의 기록 체계는 기록학의 걸작이다"라고 논평했다.[40] 톨레도의 경우만 보아도, 스페인 이단심문이 지속된 356년 동안 6천 건의 사건이 기록되었다. 수프레마의 기록은 이제 국가기록원에 보관되어 있는데 필사본 1115권과 낱장 묶음 4천 개로 구성되어 있다. 1820년까지 열네 곳 혹은 열다섯 곳의 기록보관소가 온전히 보존되었다. 그 이후 1820년에 일어난 반정부 폭동 와중에 보관소 다섯 곳이 파괴되었다. 발렌시아에서는 이단심문 기록 문서가 폭죽 공장에서 폭죽 심지로 사용되기도 했다. 멕시코의 기록보관소는 온전히 보존되었다.

스페인 이단심문이 스페인 밖의 식민지, 특히 신세계에서도 이루어진 것은 분명하다. 멕시코의 산미겔데아옌데에는 심문관의 거주지와 그 길 건너편에 있던 감옥이 아직 남아 있다.

96. 심문관들에게 지침서가 주어졌을까?

인쇄 기술의 발명과 더불어 심문관들은 지침서를 통해 어떻게 이단을 구별하고 어떻게 취조하며 어떻게 다루어야 하는지에 대한 기준을 제공받았다. 그 책자에는 양형 기준도 적혀 있었는데 이는 대단히 현대적인 개념이다. 초범은 가벼운 형벌을 받고 재범은 좀 더 위중한 형벌을 받았다. 죄의 심각성에 따라 형벌의 경중도 결정되었다.

현존하는 전형적 지침서는 "신앙은 어떻게 침해되는가?"라는 질문으로 시작된다.[41] 빈틈없이 구별해 놓은 것으로 보아 그 책자의 저자가 도미니코회 수도자인 것이 분명하다. 무엇보다도 토마스 아퀴나스 성인은 신학적 질문을 다룰 때 "절대 부정하지 말고, 좀처럼 단언하지 말고, 항상 구별하라"라고 말했다.

질문에 대한 대답은 이렇게 시작한다.

가톨릭 신앙은 두가지 방법, 즉 소극적(혹은 개별적)으로 침해되거나, 적극적으로 침해될 수 있다. 신앙의 소극적 혹은 개별적 침해는 신앙에 관한 문제들, 즉 가톨릭 신자로서 알아야 할 것을 모를 때 혹은 선하고 호의적인 믿음에 따라 해야 하는 의무를 무시할 때 발생한다. 적극적 침해는 신앙에 반하는 행위를 하면서 발생하는데 이는 직접적 침해와 간접적 침해라는 두 가지 방법으로 발생할 수 있다.[42]

이 지침서는 이단의 단계 구별로 이어진다. 다음은 몇 가지 예시다. (글머리의 숫자는 지침서에 따른 것이다.)

4. 일 단계는 이단적 진술이다. 그 이단적인 말이 신앙과 확실하게 관계있는 어떤 진실과 아주 다르거나 반대되거나 모순될 때 질책을 받는다.

9. 이 단계는 잘못된 진술로서 진실과 확연하게 반대될 때, 즉 특정한 신학적 확신을 통해 신앙의 진리와 관련이 없는 경우다. 또한 계시된 진리로부터 명백한 추론에 의해 지지되며 거기에는 무언가 분명히 구분되는 것으로 포함되어 있다.

15. 육 단계는 수치스러운 진술이다. 그러한 진술은 어떤 교리 혹은 신앙의 진실과 관련하여, 추문의 이유 혹은 기회를 제공한다.

23. 십일 단계는 모독적이거나 비방적인 진술이다. 즉, 하느님 혹은 성인들을 해롭다고 주장하는 것으로, 나쁜 일을 하느님 혹은 성인들의 탓으로 돌리거나 하느님 혹은 성인들이 당연히 받아야 하는 것을 부인하는 것이다.[43]

그러한 지침서는 심문관들에게 의무와 권한의 한계에 대해 알려 주었고 이단자뿐 아니라 이단의 정도를 식별하는 데 도움이 되었다. 이를 통해 선고 절차가 표준화되었기 때문에 선고받은 사람들이 다른 사람과 차별받았다는 생각을 하지 않았다.

97. 스페인 이단심문은 언제 끝났을까?

다시 밝히지만 처음 몇 년 동안의 활동은 극렬하고 공포스러웠다. 1540년 이후 재판은 개종자들의 신앙보다는 가톨릭 신자들의 도덕성에 좀 더 초점이 맞춰지기 시작했다. 1600년 이후 이단심문의 영향은 확연하게 줄어들었다. 활발한 활동과 시도로 그 권위를 주장했던 시기가 있었고 유다인 개종자 165명이 1721년에서 1725년 사이에 — 대부분은 카스티야에서 — 처형되었으나 왕권은 이에 흥미를 잃어갔다. 마지막 처형은 1781년에 있었는데 그릇된 생각을 한 여자가 자신은 성모 마리아와 소통했으며 수백만 명의 영혼을 연옥에서 풀어 주었다고 주장한 사건이었다.[44]

스페인 이단심문의 효과는 18세기에 들어와 처음 십 년이 지난 뒤 사라진 지 오래였고 그 이후에도 진보주의자와 계몽사상가들은 이를 낙후의 상징으로 치부했다. 반면 스페인 주교들은 스페인 가톨릭의 유일한 희망으로 보았다. 하지만 스페인 이단심문은 그 영향력이 사라질 즈음 섭정 여왕의 칙령에 따라 1834년 공식적으로 막을 내렸다. 이는 356년 동안 지속되었던 것이다.

98. 현대의 학자들은 스페인 이단심문을 어떻게 평가하는가?

최근 연구에서 놀라운 결과가 도출되었다. 희생자의 숫자를 확 낮추어야 한다는 것은 분명하다. 40만 명이 희생되었다고 널리 알려져 있지만 그것은 터무니없게 부풀려진 숫자다. 최근의 연구 결과에 따르면, 고문과 처형의 빈도와 강도는 사람들의 생각보다 훨씬 적은 수준이었다. 케이먼은 사형선고를 받은 자들 가운데 약 1퍼센트가 처형되었다고 추산했고 나머지는 경고의 의미로 인형을 처형했다고 했다.[45] 고문은 세속의 법정보다 훨씬 적게 사용되었다.

또 하나의 발견은 스페인 이단심문이 알려진 것처럼 획일적이며 효율적으로 조직된 집단 학살극이 아니었다는 사실이다. 오히려 상당히 비효율적이었고 — 특히 초기 단계에서는 — 집행에 허점이 많았다. 예를 들면, 루터파 설교자와 책자가 스페인으로 유입되는 항구들에 대하여 효율적인 감시가 이루어지지 않았다. 심지어 2001년 이후 테러리즘과 대면한 미국에서도 항구로 들어오는 컨테이너 가운데 2퍼센트 정도만 검사를 받게 된다.[46] 헨리 케이먼은 이단심문소가 항구나 그 나라로 들어오는 지점을 통제할 수 없었다고 결론 내린다. 피레네산맥의 변경 지대는 사실상 열려 있는 국경이었고 "바르셀로나의 서점은 프랑스에서 인쇄된 책들로 가득했다".[47]

99. 스페인 이단심문이 정치적 반대자를 제거하는 데 사용되었나?

몇몇 이목을 끄는 사건에서 그러한 일이 발생했다. 도미니코회 출신이자 톨레도의 대주교인 바르톨로메 카란사는 트렌토 공의회에서 인정받은 교리문답서를 저술했던 인물로서 그의 책이 스페인에서 기소되었다. 그러나 교리문답서 때문에 생긴 사건은 아니었다. 사실상 그는 세비야의 대주교이자 이단심문소장인 페르난도 데 발데스와 쿠엥카의 주교인 페드로 데 카스트로를 제치고 스페인에서 가장 중요한 교구(톨레도)의 대주교로 내정된 것이다. 귀족 출신인 발데스와 카스트로는 낮은 계급 출신인 카란사를 괘씸하게 생각했다. 게다가 같은 도미니코회 수도자이면서 신학자로 이름을 떨친 멜코르 카노가 카란사의 오랜 적수였다는 것도 한몫했다. 카노는 "불미스럽고 경솔하며 유해하고 일부는 이단의 기미가 보이며 오류가 있고 심지어 이단인 것도 있다"라고 하면서 카란사를 고발했다.[48] 카란사 대주교는 감옥에서 8년(1559~1567)을 보내는 동안 교리문답서를 집필했다. 그런 다음에 로마로 갔고 그곳에서 다시 9년을 감옥에서 지냈다. 마침내 자유의 몸이 된 그는 며칠 후 산타 마리아 소프라 미네르바에서 사망했다.[49]

또 다른 사건은 '스페인에서 가장 유명한 예수회 수도자' 프란치스코 보르자가 정치적으로 심한 비난을 받은 일이었다. 보르자는 카란사의 변호에 거론된 그의 이름(보르자) 때문에 이단심문소장의 심기를 거슬렀다. 게다가 필리프 왕은 보르자 — 혹은 예수회에 대해서도 — 를 좋아하지 않았다. 보르자가 필리프 왕의 여동생인 후아나와 내연 관계라는 소문이 궁정에 퍼졌다. 그리고 예수회가 지속적으로 로비 활동을 벌여서 스페인 왕권이 로마에 있는 그들의 대학을 지원하도록 만든 것도 왕의 골칫거리였다. 보르자는 포르투갈로 도망쳤고 그 후 비난을 피하기 위해 로마로 갔다. 그는 예수회 총장으로서 로마에서 1527년에 사망했다. 그렇다고 해도 그의 책 『그리스도교의 작품』*Obras del Cristiano*은 로마의 목록과는 별개인 스페인 금서 목록에 올라갔다.[50]

100. 갈릴레이에 대해 언급하지 않을 수 없다. 그가 이단심문을 받은 이유는 무엇인가? 그가 받은 처우는 공정했는가?

갈릴레이는 교황의 좋은 친구였고 세계에서 가장 좋은 망원경을 갖고 있었다. 그리고 그는 교황이 망원경을 사용하게 해 주곤 했다. 갈릴레이가 곤경에 처한 이유는 두 가지였다. 첫째, 그의 과학적 주장이 성경 속 하느님에 대한 특정한 내용에 의문을 제기한 것처럼 보였다. 둘째, 그의 경력이 도미니코회 수도자이자 이단으로 처형된 조르다노 브루노와 비슷했다.

첫째 문제점을 보자. 그 시대 대부분의 과학자들처럼 갈릴레이는 독실한 그리스도인으로서 자신의 과학을 영향력 있는 신학으로 여겼는데, 바로 그 점이 그를 곤경에 빠뜨렸다. 만약 자신이 관찰한 내용을 그냥 보고만 했다면 그는 연구를 계속할 수 있었을 것이다. 그러나 그는 관찰한 바가 신학에 미치는 영향에 대해 써야겠다고 생각했다. 사실상 그렇게 할 만큼 준비된 것도 아니었다.[51] 교회도 갈릴레이가 관찰한 모든 것을 곧장 흡수할 준비가 되어 있지 않았다. 그 증거를 면밀히 살펴볼 시간이 필요했으나 갈릴레이는 시간을 주지 않았다. 가톨릭은 그 기원이 성경에 나와 있지 않으며 성경을 중요하게 고려하지 않는다는 등 개신교의 비난에

휘청거리는 상태였다. 가톨릭에 쏟아진 개신교 사상가들의 모든 공격은 '오직 성경만이'(sola scriptura) 권위를 갖는다는 가정에 근거를 두고 있었다. 갑자기 과학자들이 앞으로 나서더니 창조에 대한 창세기의 이야기, 즉 성경의 창조 이야기가 과학적으로 정확하지 않을 수 있다고 주장했다. 따라서 가톨릭교회는 근본주의 개신교와 근대 과학자들 양쪽에서 집중포화를 받은 셈이었고 진행 과정을 늦출 필요가 있다고 느꼈다. 그들이 나무랄 수 있고 늦출 수 있는 사람은 단 한 명, 갈릴레이뿐이었다. 그리하여 교회는 그렇게 했다.

갈릴레이의 또 다른 문제점은 조르다노 브루노였다. 브루노는 코페르니쿠스를 근거로 자신의 주장을 제기했다. 즉, 코페르니쿠스는 — 천문학적으로 — 하느님이 우주의 중심이라는 주장을 유지하면서 태양이 또 다른 차원에서 우주의 중심이라고 말했다. 브루노는 실제 관측한 내용과 약간 모호한 종류의 영적 추측을 뒤섞어 놓았다. 또한 마법이 세계 평화의 해결책이며 왕과 황제는 마법사들을 곁에 두고 세계 평화를 위한 최선책에 대해 조언을 구해야 한다고 주장했다. 브루노는 로마와는 별개의 독립체라고 자랑했던 또 다른 사법기관인 베네치아 이단심문소의 눈에 띄었으나 그들은 브루노를 무해한 괴짜라고 여기면서 풀어 주었다. 그러나 그는 계속해서 자신의 주장을 떠들어 대는 바람에 결국 로마 이단심문 법정에 서게 되었고 터무니없는 주장에 대한 철회를 거부한 후 화형당했다.

갈릴레이의 문제는 브루노를 좋아했다거나 지지했다는 것이 아니다. 그 역시 브루노가 했던 것처럼 코페르니쿠스를 권위 있는 자료로 사용했다는 것이다. 그저 운이 나빴을 뿐이라고 말할 수 있을 것이다. 누군가는 코페르니쿠스와 괴상한 브루노를 분리시켜야 했지만 갈릴레이는 그렇게 할 필요를 느끼지 않았다. 따라서 역사와 과학은 편리하게도 갈릴레이의 발견을 기억했고 조르다노 브루노와 교회가 직면한 딜레마에 대해서는 잊어버렸다.

현대 세상은 최신의 과학적 연구 결과에 즉시 반응하고 싶어 한다. 하지만 1600년에는 그렇지 않았다. 갈릴레이의 발견이 흥미진진한 만큼, 교회는 그 연구 결과가 어디로 이어질 것인지에 대해 평가하고 그 증거물을 살펴보며 결과에 대해 숙고할 시간이 필요했다. 교회가 새로운 발견에 들뜬 갈릴레이의 열정을 누그러뜨리려 한 것이 옳았다고 믿는다. 갈릴레이의 발견이 모두 정확한 것이 아니었다. 무엇보다도 태양은 우주의 중심이 아닌 듯하다. 교회 당국은 그에게 발표만 하지 말라고 지시했지만 그는 계속 발표하며 그 지시를 어겼다. 따라서 그는 체포되었고 가택 연금을 당했으며 연구는 계속했지만 결과 발표는 허락되지 않았다. 그는 프란치스코 고야의 그림에서 암시하는 것처럼 감옥에 가거나 고문당한 적은 한 번도 없었다.

101. 만약 이단심문이 사법 과정의 진보를 이루어 냈다면, 오늘날의 끔찍한 악명을 어떻게 설명할 수 있나?

이단심문에 대한 고의적 오명은 종교개혁 기간에 시작되었는데, 이때 로마가톨릭교회로부터 갈라선 개신교파들은 교회의 모든 활동을 비판적으로 보고 싶어 했다. 영어권 세계에서는 그러한 시도가 스페인에 관련하여 집중적으로 이루어졌고 이는 영국의 헨리 8세와 아라곤의 캐서린의 이혼으로 인해 스페인을 동맹에서 멀리하려는 시도와 동시에 발생했다. 개신교 역사학자인 존 폭스(1517~1587)는 영향력이 컸던 그의 저서 『순교사』에서 "극악하고 잔인하게 날뛰는 스페인 가톨릭 이단심문"[52]이라고 언급했다. 스페인 이단심문에서 탈주한 이들이 남긴 일부 글은 '검은 전설'(Leyenda negra)이 되어 널리 퍼졌다. 이는 스페인 사람은 잔학하고 관용이 없으며 위선적이라는 내용이었다.[53] 따라서 로마의 지시를 전혀 받지 않았던 스페인 이단심문이 교황에 대한 불만과 무차별적으로 뒤엉키게 되었다. 스페인 이단심문이 논란의 대상이 되었을 때 중세 이단심문도 거기에 포함되었다. 그리하여 두 이단심문을 편협한 교회의 산물로서 융합해 버린 허구의 이야기가 시작되었다.

그러한 편견과 잘못된 정보에 대한 예를 현대에서 찾아내고 싶다면 카렌 암스트롱을 보면 될 것이다. 비록 유명한 역사학자이자 미국 내 히스토리 채널과 공영방송에서 사랑을 받았으나 역사학계에서는 그녀의 주장을 중요하게 받아들이지 않고 있다. 그러나 여러 면에서 카렌은 편견의 세상을 잘 보여 주는 예가 된다. 그녀는 자신의 책『성전』聖戰에서 이단심문을 "모든 그리스도교 기관 가운데 가장 사악하고 … 십자군 전쟁이 낳은 유해한 산물 … 정통파의 부당성을 보여 주는 대명사 … 광신적 극단"이라고 설명했다.[54] 그녀는 이렇게 말한다.

> 그 방법을 보면, 심문단이 '이단자'를 색출해야 했다. 심문단은 가톨릭교회 소속으로 대부분 도미니코회 수도자들이었다. … 이들 정통파의 사냥개들은 공동체 내 이단자들의 냄새를 추적했고, 인정할 수 없는 관점을 지녔거나 '비그리스도교적' 행위로 비난받은 사람들을 체포하여 감옥으로 내동

댕이쳤다. 그곳에서 그들은 믿을 수 없을 만큼 잔인하게 고문당했고 '자신의 죄를 자백'했다. … 그들은 악마를 숭배했다거나 가공할 정도로 난잡한 잔치에 참여했다고 자백하도록 강요받았다. 일단 참을 수 없는 고문을 당하면 그 혐의를 부인할 힘을 잃게 된다. … 자백한 후, 그 이단자는 세속의 기관으로 넘겨지고 그다음에 교수형이나 화형에 처해졌다.[55]

다행히도 그러한 선정적 표현과 충격적 주장에 대해 의심을 품은 학자들이 찾아볼 수 있는 스페인 이단심문 관련 통계자료가 현재까지 남아 있다. 거기에는 죄의 경중에 따른 기소 내용이 분류되어 있고 실제 교수형을 당한 사람과 인형이 교수형에 처해진 경우를 포함하여 처벌의 수와 종류가 정리되어 있다. 구스타브 헨닝센과 존 테데스키는 통계자료를 해석하여 매우 귀중한 일을 해냈다.[56] 롤링스가 지적한 것처럼 이 자료는 이단심문을 보는 관점을 상당히 크게 바꾸어 놓았다.

첫째, 스페인 이단심문은 널리 퍼져 있는 인식처럼 피에 굶주리고 억압적인 이데올로기 통제 시스템과 거리가 멀다. …
둘째, '중대한 이단'(콘베르소와 모리스코스, 계몽주의자, 루터파에 의한 것)에 대한 추적은 이단심문 기간 중 가장 핵심적인 시기였던 1540년부터 1700년까지의 이단심문 활동 가운데 40퍼센트 혹은 5분의 2정도밖에 차지하지 않았다. … 중대한 이단이 거의 제거되고, 1560년대부터 1570년대 사이 이단심문소의 주요 기능은 일반인의 무지로 인한 죄를 기소하고 스페인 사람들의 문제 혹은 도덕성과 믿음이 트렌토 공의회에 부합하도록 지시하는 일이 되었다.[57]

현대 유다인 역사가들은, 백 명이 스페인 이단심문에서 사형선고를 받았다면 한두 명만이 처형당했고 나머지는 인형이 교수형에 처해졌다고 말한다. 중세 혹은 스페인 이단심문에 대해 선정적 발언을 하는 이들은 이러한 증거를 인정해야 하고 실제 일어난 일에 대해 솔직하게 평가를 내리기 시작해야 한다. 그들은 사실상 놀라우리만큼 인도적인 법적 절차가 진행되었다는 것과 이단심문이 폭력을 행사하는 무리와 군대에 의한 무차별적 살인을 막기 위해 시작되었다는 것, 오늘날 우리의 법 제도의 기초이자 지금과 마찬가지로 결점이 있었다는 사실을 알게 될 것이다.

| 주 |

십자군 전쟁

1. 1095년 직전에 그리스도인에 대한 폭력이 증가했다는 내용은 대부분 신빙성을 입증하기 어렵지만 교황 우르바노 2세는 이전의 폭력과 폭력 재개에 대한 인식을 활용하여 예루살렘을 향한 무장 순례 소집에 동기를 부여했다. Christopher Tyerman, *God's War* (Cambridge, MA: Belknap Press 2006) 81 참조. Rodney Stark는 자신의 저서 *God's Battalions: The Case for the Crusades* (New York: HarperCollins 2009)에서 이를 반박했다. 그는 이슬람 정복자들이 "다문화주의를 지지하는 계몽된 사람들"이라는 견해에 대해 참지 못했다.

2. Philip Jenkins, *The Lost History of Christianity* (New York: HarperCollins 2008) 106-19.

3. 파문된 경우에는 미사 혹은 성사 참례부터 십자군 전쟁 참가에 이르기까지 어떠한 그리스도교 사업에도 참여할 수 없었다.

4. Tyerman, *God's War*, 84-85.

5. Edward Peters, *The First Crusade* (Philadelphia: University of Pennsylvania Press 1971) xiv-xix.

6. 같은 책 xvii-xviii.

7. 마틴 쉰 주연의 영화 「더 웨이」(2011)는 콤포스텔라까지 가는 순례에 대한 내용을 다루며 순례를 떠나야 하는 명확한 근거를 제시한다.

8. Peter Brown, *The Cult of the Saints* (Chicago: University of Chicago Press 1982); Marguerita Guarducci, *The Tomb of Peter* (New York: Hawthorn 1960).

9   진짜 성인들의 유해인지 아닌지는 또 다른 이야기다. 여기서 중요한 것은, 사람들이 그것을 진짜라고 믿었고 공경했다는 사실이다. 로마 병사 롱기누스가 십자가에 매달린 그리스도의 옆구리를 찔렀을 때 사용했던 '성창'이 제1차 십자군 전쟁 당시 안티오키아의 십자군에 의해 발견되자 사람들은 그에 힘입어 다시 예루살렘으로 나아갔다.

10 Patrick Geary, *Readings in Medieval History*, 4th ed. (Toronto: University of Toronto Press 2010) 408. 그리스도교인 대부분은 유다인 때문에 그리스도가 죽었으므로 그들은 박해받아 마땅하다고 생각했다.

11 한 역사학자가 기사들이 탔던 군마가 그렇게 크지 않았다고 주장하며 이에 의문을 제기했다. 『내셔널 지오그래픽』은 원정대가 벨기에산 군마와 작은 말을 타고 프랑스에서 예루살렘까지의 여정을 재현했는데 그때 커다란 말의 역할이 상당히 컸다는 사실을 알게 되었다. Tim Severin, "Retracing the First Crusade," *National Geographic* 176, no. 3 (September 1989) 326-65.

12 이는 또한 곰곰이 생각해 보아야 한다. 노르만 장군들 중 한 명인 보에몽이 콘스탄티노플에 도착한 것은 연대기 기록자의 설명보다 훨씬 더 외교적인 행동이었다. Tyerman, *God's War*, 113. 이 이야기에 대한 정보 중 대부분은 안나 콤네나가 이후에 쓴 글에서 나왔는데, 알렉시오스 1세의 딸인 그녀는 서방인에 대해 한결같이 비판적이었다. 그러나 그녀의 주장은 동시대의 관찰자로서 가치가 있으며, 최근 학자들에 의해 재평가되고 있다. 비록 Steven Runciman이 *A history of Crusades, Vol. 3* (Cambridge, UK: Cambridge University Press 1951-54)에서 그녀의 주장을 그대로 받아들였지만, 현대 역사가들은 그녀의 객관성에 의문을 제기한다.

13 우리는 그의 이름을 피루즈라고 알고 있다. 비록 일부 역사가들이 그를 아르메니아의 그리스도교인이라고 하지만 그가 이슬람으로 개종했다는 사실이 진실에 더 가까울 것이다(Stark, *God's Battalions*, 150-51 참조). 보에몽은 아마도 적당한 시기에 그 도시 내의 그리스도인들과 협상하려 했으나 그 그리스도인이 방어탑의 책임자였을 것 같지는 않다. 카르부가의 지원병이 접근했을 때 이러한 협상과 성벽의 틈을 만드는 것이 더욱 시급해졌다. Tyerman, *God's War*, 142 참조.

14 Tyerman, *God's War*, 110-14 참조. 승리에 대한 보에몽의 반응을 주제로

한 흥미로운 글이다.

15 Phillips는 1,300명이 넘는 기사와 12,500여 명의 보병이 포위 공격에 나섰다고 생각한다[*Holy Warriors: A Modern History of the Crusades* (New York: Random House 2009). 24].

16 Zoe Oldenbourg, *The Crusades* (London: Weidenfeld & Nicolson, 1966) 133.

17 Jonathan Riley-Smith, *The Crusades: Idea and Reality, 1095-1274* (London: Edward Arnold 1981) 13. 옥스퍼드 대학교의 비잔틴 연구소 소장인 Peter Frankopan은 "Go East, Young Knight"(*New York Times*, Sunday Review Section, February 19, 2012, p. 12)에서 신앙이 아닌 영토가 제1차 십자군의 출발 이유였다고 했으며 십자군들이 비잔틴 황제를 도와 그 영토를 되찾고 그들을 위한 새로운 영토를 찾기 위해 동쪽으로 갔다고 주장했다. 나는 여러 가지 면에서 그가 틀렸다고 믿는다. Steven Runciman의 획기적인 삼부작[*A history of Crusades* (1951-54)]이 모습을 드러낸 이후, 역사학자들은 십자군의 주요 동기가 물질적 이득이며 종교적 이상주의는 경건한 척하는 허튼소리라고 보고 있다. 최근에 와서야 Riley-Smith와 Madden 같은 역사학자들이 종교적 동기의 유효성을 재발견하고 있다. 게다가 십자군은 비잔틴 황제의 영토 회복을 위한 부름에 대답하기 위해 동쪽으로 간 것이 아니었다. 마지막으로, 영토 획득은 부수적 산물이지 미리 계획한 것이 아니었다. 안티오키아 혹은 에데사 혹은 예루살렘이 정복되면 이런 질문이 제기되었다. "어떻게 그들을 그리스도 교인으로 유지시킬 것인가?"

18 Thomas Madden, *A Concise History of the Crusades* (New York: Rowman and Littlefield 1999) 36.

19 Stark, *God's Battalions*, 158-59.

20 Jenkins, *The Lost History of Christianity*, 115-16.

21 같은 책 116.

22 같은 책 116-19.

23 Moshe Gil, *A History of Palestine, 634-1099* (Cambridge, UK: Cambridge University Press 1992); Stark, *God's Battalions*, 159.

24 십자군의 행동에 대한 그러한 반성은 16세기 종교개혁이 되어서야 나타

났으며 이때 개신교 옹호자들은 교황의 십자군 및 이단심문 개입에 대해 의문을 제기했고, 이후 계몽주의 시대에 철학자들은 종교 관련 싸움에서 자신들이 우위에 있다고 생각했다는 점을 짚고 넘어가야 한다.

25 이 사실은 십자군이 땅을 차지하기 위해 왔다는 말이 허위임을 입증한다. 살아남은 장군들에게 가장 힘들었던 일들 중 하나는 병사들을 그 땅에 정착하도록 설득하는 일이었다.

26 현대의 흥미롭고 비슷한 예가 루르드에 있는 병원이다. 그곳에서는 성지로 향하는 병든 순례자들을 돌본다.

27 이는 과장된 것이 분명하며, 한 해 동안 돌봤던 병자의 숫자일 것이다.

28 Madden, *A Concise History*, 51.

29 Nancy de Flon and John Vidmar, *101 Questions and Answers about the Da Vinci Code and the Catholic Tradition* (New York: Paulist Press 2006).

30 Madden, *A Concise History*, 70-81. 내부 음모에 대해.

31 장기는 성공의 단맛을 오래 보지 못했다. 두 해가 지난 후 그는 불만을 품은 노예에게 암살당했다.

32 S. y. Allen and Emilie Amt, eds., *The Crusades: A Reader* (Toronto: University of Toronto Press 2003) 136.

33 클레르보의 베르나르도가 교황 에우제니오 3세에게 보낸 서한(같은 책 147).

34 Madden, *A Concise History*, 78.

35 리처드의 왕위 계승은 순조롭게 이루어지지 않았다. 그의 아버지인 헨리 2세는 십자군에 공헌한 영국 왕이었지만 리처드는 남동생인 존이 왕위를 노릴 것을 우려했고 따라서 프랑스 왕과 동맹을 맺어 아버지와 대결했다. 헨리 2세는 사망했고 리처드는 영국의 왕이 되었다.

36 Madden, *A Concise History*, 97.

37 남은 사람들은 서쪽으로 향했다. 성 니콜라오의 시신은 소아시아에서 이탈리아 바리의 성당으로 옮겨졌다. 지금 그 성당은 도미니코회가 관리하는데 그들은 산타클로스의 시신을 모시고 있다고 주장한다.

38 Runciman, *A History of the Crusades, Vol. 3*, 139-44; Tyerman, *God's War*.

39 Phillips, *Holy Warriors*, 210-11.

40 Gary Dickson, *The Children's Crusade* (New York: Palgrave 2008).

41 Madden, *A Concise History*, 137-38.

42 Oldenbourg, *The Crusades*.

43 Madden, *A Concise History*, 55.

44 엑상프로방스에는 길 이름이 프랑스어와 프로방스어로 쓰인 표지판이 있다. 프로방스어는 프랑스어와 다르며 서방인들에게는 낯선 언어로 바스크어에 기원을 둔 듯하다.

45 기사들뿐만은 아니었을 것이다. 바그다드의 이탈리아인 도미니코회 수도자가 도미니코회 수사들의 제의와 피문은 수도복, 성무일도서, 아크레 함락 이후 바그다드로 옮겨진 예루살렘 내 마지막 도미니코회가 소장한 책들이 무더기로 나온 것을 목격하고 생생하게 묘사한 기록이 남아 있다. 그는 하렘으로 끌려가던 수녀들의 끔찍했던 모습에 대해서도 언급했다. Ricoldo di Montecroce, *Peregrination en Terre Sainte et au Proche Orient* (Paris: Champion 1997).

46 Tuchman, Barbara, *A Distant Mirror: The Calamitous Fourteenth Century* (New York: Knopf 1978) 538-63.

47 Madden, *A Concise History*, 209-10. 그는 이를 주장했고 보편적으로 인정받은 내용이다.

48 이 승리를 축하하기 위해 빈에서 새로운 빵이 탄생했는데 바로 투르크의 상징인 초승달 모양의 크루아상이다.

49 Runciman, *A History of the Crusades, vol. 3*, 480.

50 Fulcher of Chartres, "Account of the First Crusade," in *Geary, Readings in Medieval History*, 396.

51 심지어는 군종사제를 포함한 서방의 사제들이 이슬람 국가에 들어가지 못한다. 성당을 세우는 것과 미사는 허락되지 않는다. 사실상 사태는 점점 더 악화되고 있다. 2011년 아랍의 봄이 도래한 것과 더불어 그리스도교인 거주지는 이슬람 급진주의파에 의해 더욱 위협을 받고 있다.

52 Ayaan Hirsi Ali, "The Global War on Christians in the Muslim World," *Newsweek*, February 6, 2012(http://www.thedailybeast.com/newsweek/2012/02/05/ayaan-hirsi-ali-the-global-war-on-christians-in-the-

muslim-world.html). 알리는 서방 언론이 아랍 세계 내 그리스도교인들에 대한 이슬람의 공격 문제에 대해 '입을 다물고 있다'라고 탓하면서, 이는 더 큰 폭력을 불러일으킬지 모른다는 서방의 두려움과 사우디아라비아에 본부를 둔 이슬람협력기구(IOC) 및 미국 - 이슬람 관계를 위한 회의와 같은 이슬람 로비 단체 때문이라고 했다.

53 1988년에 미국 도미니코회의 수녀가 물탄의 한 공원에서 파키스탄 수녀 두 명과 걷다가 총탄에 맞아 사망했다. 그 당시 물탄의 주교였던 미국 도미니코회 성 요셉 관구의 버트란드 볼랜드는 "당시에는 몰랐지만 그것은 그리스도교인에 대한 이슬람 폭력의 시작이었습니다"라고 말했다 (Dominican Archives of the Province of St. Joseph, Providence College, Providence, RI, Pakistan File). 2001년에 이슬람 극단주의자 다섯 명이 파키스탄 바하왈푸르에 있는 성 도미니코 성당에서 주일미사가 거행되던 중 기관총을 난사했다. 파키스탄인 신자 열여섯 명이 사살되었다.

이단심문

1 Edward Peters, *Inquisition* (New York: Free Press 1988).
2 Benzion Netanyahu, *The Origins of the Spanish Inquisition in Fifteenth-Century Spain* (New York: Random House 1995); Henry Kamen, *The Spanish Inquisition: A Historical Revision* (New Haven: Yale University Press 1998); Helen Rawlings, *The Spanish Inquisition* (Oxford: Blackwell 2006).
3 John Brien, *The Inquisition* (New York: Macmillan 1973).
4 Herbert Grundmann, *Religious Movements in the Middle Ages* (Notre Dame, IN: Notre Dame University Press 1995). 이 책은 1935년에 쓰인 한 고전의 번역본이다. 이 작업이 참신했던 이유는 그룬트만이 정통주의든 이단이든 모든 종교운동을 전체의 일부로서 다루었기 때문이다.
5 Alister McGrath, *Heresy: A History of Defending the Truth* (New York: HarperCollins 2009) 208.
6 같은 책.

7 맥그래스는 발도파 이단에 대해 사뭇 온건한 관점을 지닌 채 종교개혁에 대한 논의를 진행하며 이는 그리 놀랄 만한 일은 아니다.

8 따라서 마니교는 세속의 연결고리를 끊을 것을 설교했던 영지주의와 연계될 수 있다.

9 Christopher Haigh는 롤라드파(위클리프파)의 유명세를 무시한다. 그들은 숫자가 많지 않았고 목소리를 높이지 않았는데 이후 개신교도들이 그들의 존재를 널리 알렸다고 주장한다[*English Reformations* (New York: Oxford University Press 1993) 51-55].

10 나는 그렇게 보는 것이 유익하다고 생각한다. 다양한 역사적 힘에서 나오는 새로운 도전을 마주하기 위해 가톨릭교회는 내부에서 여러 조직을 만드는데, 주로 새로운 수도회를 설립한다. 그에 비해 개신교 세계에서는 새로운 지배력이 등장하여 외부 조직을 만든다.

11 Jonathan Riley-Smith, *The Crusades* (New Haven: Yale University Press 2005) 165. 나머지는 그 대의에 대해 동조했고 일생을 통해 완전히 헌신하겠다고 약속했다. 이러한 구분은 역사적인 마니교에서도 나타나는데, 우리는 아우구스티노 성인이 '믿는 자'로서 마니교도로 지냈으나 마니교에 완전히 헌신한 것은 아니라는 사실을 알고 있다.

12 알비파는 그리스도가 하느님이라고 믿지 않았기 때문에 그렇다고 믿는 그리스도인과 구별될 수 있다. 그들에게도 자신들의 주교가 있었으므로, 알비파 주교와 그리스도교 주교를 구분하는 것이 편리하며 맞는 방법이기도 하다. 하지만 알비파도 스스로 넓은 의미에서 '그리스도인'이라고 여겼기 때문에 명칭으로 인한 혼란을 피하기 위해서 그들을 '정통주의 그리스도인'과 구별하고자 한다.

13 5천 명만이 그곳에서 살았고, 그 숫자는 난민들이 들어오면서 약간 올라갈 수도 있었다. 장군들은 자신의 명성을 강조하고 지나가는 길목에 있는 마을에 겁을 주기 위해 종종 희생자의 숫자를 부풀렸다.

14 J. N. D. Kelly, *The Dictionary of the Popes* (New York: Oxford University Press 1986) 176-77.[『옥스퍼드 교황 사전』 변우찬 옮김 (분도출판사 2014).]

15 프란치스코회는 마침내 도미니코회의 구조, 즉 중앙집권적이고 피라미드식 구조이며 모든 층위에 민주적 방식을 채택한 형식을 갖추게 되었고

이는 교황청이 그들에게 부과한 것이다.

16 Riley-Smith, *Crusades*, 165.
17 프루이유 수녀원의 초기 생활에 관한 문서는 거의 없지만 우리는 도미니코 성인이 직접 그 수녀들에게 종교 생활에 대해 강의했다는 사실을 알고 있다.
18 이들은 '가난한 클라라회'로 알려지게 되었다. 오늘날까지 존속하고 있다.
19 예를 들어 헨리 8세가 아라곤의 캐서린를 상대로 제기했던 소송은 심리재판으로 진행되었다.
20 O'Brien, *Inquisition*, 63.
21 앤 블린의 경우가 고전적인 예다. 헨리 8세는 그녀와 이혼해야 했다. (그녀가 왕자를 낳지 못했기 때문이다.) 그래서 그녀의 오빠를 포함한 궁정 남자들과 간통했다는 죄목을 붙였다. 간통으로 몰린 남자들은 모두 자백할 때까지 고문을 받았고, 때때로 형량을 가볍게 해 주겠다는 제안을 받았다. 그런 다음 그들은 모두 앤 블린과 함께 반역죄로 처형당했다.
22 John O'Malley, *The First Jesuits* (Cambridge, MA: Harvard University Press 1993) 310-12.
23 W. L. Wakefield, *Heresy, Crusade, and Inquisition in Southern France 1100-1250* (Berkeley: University of California Press 1974) 71.
24 Peters, *Inquisition*, 57.
25 F. Merzbacher, "Witchcraft," *New Catholic Encyclopedia*, 2nd ed. vol. 14 (New York: Thomson Gale 2003) 799.
26 흥미롭게도, 잔다르크가 자주 다녔던 것으로 여겨지는 경당은 미국 위스콘신 주 밀워키에 있는 마케트 대학교 캠퍼스에 있다. 제1차 세계대전 이후 프랑스 남부에서 경당이 발견되었는데 젊고 똑똑한 프랑스 건축가이자 고고학자가 아주 오래된 것임을 알아채고 성당 도면을 그려 놓았다. 철도 거물 제임스 힐의 딸인 거트루드 힐 개빈이 이 경당을 미국으로 옮겼다. 그녀는 경당을 구입하여 해체한 뒤 롱아일랜드 제리코에 있던 자신의 땅에 다시 세웠다. 1962년에 그 땅이 마크 로트만에게 넘어갔고 그는 그것을 마케트 대학교에 기증했다.
27 이 같은 변명으로 그리스도교적 벌을 피할 수는 없었다. 몰랐다고 주장한

사람들은 그것을 모르면 안 된다는 사실을 근거로 하여 대부분 어떤 식으로든 벌을 받았다.

28 경쟁은 흉포하게 번졌다. 올리베리오 플런케트 주교가 교구의 소유권을 도미니코회에게 유리하게 결정했을 때 프란치스코회는 불공평하다며 공격했다. 반역죄로 기소된 그의 재판에서 주요 목격자 세 명은 프란치스코회 소속이었다.

29 O'Brien, *The Inquisition*, 11.

30 Cullen Murphy, "Inquisitions: From Torquemada to the 'War on Terror,'" *Commonweal* (January 27. 2012) 13.

31 교황 요한 바오로 2세 교서 「제삼천년기」 35; 제2차 바티칸 공의회 문헌 종교 자유에 관한 선언 「인간 존엄성」 1 참조.

32 Kamen, *The Spanish Inquisition*, 23. 그는 기록이 남아 있는 도시의 유다인 인구 비율을 기록이 상실된 도시에 대비시켜 계산했다. 그러므로 만약 인구 4만 명의 도시에 유다인이 8퍼센트라면 케이먼은 그 수치를 기록이 없는 비슷한 다른 도시에 적용시켰던 것이다.

33 현대 최고의 학자들이 유다인 콘베르소에 중점을 두고 있으나 기소된 모리스코스의 숫자도 놀라울 만큼 많았다. 예를 들면, 아라곤에서는 유다인 개종자 942명이 1540년과 1700년 사이에 기소된 반면 — 반드시 처형된 것은 아니다 — 기소된 이슬람 개종자 수는 7472명이었다. 카스티야에서는 유다인 개종자 3400명, 이슬람 개종자 3300명으로 그 수치는 비슷하다. 이들 수치는 유다인(또한 아마도 이슬람교도)에 반대하는 활동 대부분이 1540년 전에 일어났다는 사실에 의해 입증되어야 한다. 모리스코스에 대한 고발은 이슬람교도 거주지에서 일어난 여러 건의 폭동과 더불어 17세기에 증가했다(많은 수의 모리스코스가 남아 있었는데, 그들이 노동력의 중요 부분을 차지했기 때문이었다).

34 Helen Rawlings, *The Spanish Inquisition*, 12.

35 Kamen, *The Spanish Inquisition*, 203.

36 Netanyahu, *The Origins of the Inquisition*; Haim Beinart, *Records of the Trials of the Spanish Inquisition in Ciudad Real, 1483-1485* (Jerusalem: Israel National Academy of Science and Humanities, 1974); Yitzhak Baer, *A History of the Jews in Christian Spain* (Philadelphia: Jewish

Publication Society of America, 1961).

37 Rawlings, *The Spanish Inquisition*, 9.
38 Kamen, *The Spanish Inquisition*, 98-102.
39 Rawlings, *The Spanish Inquisition*, 15.
40 Gustav Henningsen, "Spanish Archives and Historiography," in *The Inquisition in Early Modern Europe*, 56.
41 이 지침서는 사실상 '페이퍼백'이다. 즉, 작고 가벼운 책으로 프로비던스 대학의 도미니코회 문서고 소유였다. 안타깝게도 이 책을 집필하는 동안 분실되었다. 나는 이 지침서를 이단심문 심문관을 위한 지침서로 참고한다. 인용된 부분은 내가 가지고 있던 복사본 중 여러 페이지에서 나온 것으로 도미니코 수도회의 베데 십스 신부가 번역했다.
42 *Handbook for Inquisitors*, Book I, chap. 7, 54.
43 같은 책 54-58.
44 Rawlings, *The Spanish Inquisition*, 136.
45 Kamen, *The Spanish Inquisition*, 203. 역사학자 Henry Charles Lea는 원래의 수치를 믿었으므로 극적으로 부풀린 사망자 수를 제시하게 되었다[*A History of the Inquisition of Spain* (New York: Macmillan 1922)].
46 J. F. Frittelli et al., *Port and Maritime Security: Background and Issues* (New York: Novinka Books 2003).
47 Kamen, *The Spanish Inquisition*, 101-2.
48 같은 책 161. 오말리는 "스페인과 로마에서 과열된 종교적 분위기를 명확히 드러내 주는 사건은 거의 없다. … 혹은 혼란스럽고 겹치는 관할권과 충성심, 그리스도교 - 정치적 정책과 가톨릭 내 적대감을 극적으로 보여준다"(*The First Jesuits*, 317)라고 말한다.
49 O'Malley, *The First Jesuits*, 317.
50 같은 책 318-20. 이와 동일한 목록에 'curious disclaimer' 항목이 있고, 토마스 모어와 존 피셔에 의한 작품이 포함된다!
51 Maurice Finocchiaro, ed., *The Galileo Affair: A Documentary History* (Berkeley: University of California Press 1989); Stillman Drake, trans., *Discoveries and Opinions of Galileo* (New York: Anchor Books 1990).
52 William Maltby, *The Black Legend in England: The Development of Anti-*

Spanish Sentiment 1558-1660 (Durham, NC: Duke University Press 1971) 35.

53 Rawlings, *The Spanish Inquisition*, 4-5.
54 Karen Armstrong, *Holy War: The Crusades and Their Impact on Today's World* (New York: Doubleday 1991) 456; 457; 459; 461.
55 같은 책 457.
56 Gustav Henningsen and John Tedeschi, *The Inquisition in Early Modern Europe: Studies on Sources and Methods* (DeKalb: Northern Illinois University Press 1989).
57 Rawlings, *The Spanish Inquisition*, 14.